Práxis do Cinema

Coleção Debates
Dirigida por J. Guinsburg

Equipe de realização – Tradução: Marcelle Pithon e Regina Machado; Revisão: Mirian Sancore de O. Senra; Produção: Ricardo W. Neves e Sergio Kon.

noel burch

PRÁXIS DO CINEMA

PERSPECTIVA

Título do original francês
Praxis du cinéma

Dados Internacionais de Catalogação na Publicação (CIP)
(Câmara Brasileira do Livro, SP, Brasil)

Burch, Noël, 1932- .
Práxis do cinema / Noël Burch ; [tradução Marcelle Pithon, Regina Machado]. — São Paulo : Perspectiva, 2015. — (Debates ; 149 / dirigida por J. Guinsburg)

Título original: Praxis du cinéma
2. edição
Bibliografia.
ISBN 978-85-273-0333-0

1. Cinema 2. Cinema - Filosofia I. Guinsburg, J. II. Título. III. Série.

06-1375 CDD-791.4301

Índices para catálogo sistemático:
1. Cinema : Filosofia 791.4301

2ª edição

[PPD]

EDITORA PERSPECTIVA LTDA.

Av. Brigadeiro Luís Antônio, 3025
01401-000 São Paulo SP Brasil
Telefax: (11) 3885-8388
www.editoraperspectiva.com.br

2019

Para Henri Langlois

SUMÁRIO

PREFÁCIO

Escrito em 1967, publicado no início de 1969, *Práxis do Cinema* se inscreve num período marcado por variadas experiências de ruptura e por um processo de multiplicação dos pólos de criação cinematográfica, seja pelas transformações ocorridas na Europa e nos Estados Unidos (aqui, num nível de menor circulação e radicalmente fora do esquema industrial), seja pela emergência do novo cinema do Terceiro Mundo.

No momento da produção deste livro, a *nouvelle-vague* e os cinemas novos e/ou independentes pelo mundo afora já haviam traçado um percurso fundamental. No contexto nacional específico, onde Burch trabalhava, a figura central de Godard já não era apenas um pólo de ruptura, mas um referencial complexo construído por mais de dez longas-metragens, de *Acossado* (1960) a *A Chinesa* (1967), cada qual uma redefinição de parâmetros no trabalho com a imagem e o som. Bresson, Robbe-Grillet, Marcel Hanoun e Resnais exploravam as possibilidades do cinema narrativo em diferentes direções, cada qual contribuindo para a formação da sensibilidade de qualquer jovem atento e interessado na afirmação de valores estéticos não redutíveis ao padrão usual da indústria e às convenções do cinema clássico, francês ou americano, das décadas anteriores. As experiências francesas, algo do cinema *underground*, do Cinema Novo brasileiro, Antonioni e muita coisa de Eisenstein e do cinema japonês são os elementos que impulsionam a reflexão de Burch, e as citações que encontramos no seu texto compõem o aspecto mais visível da incidência do cinema moderno no seu pensamento. O aspecto mais profundo desta incidência está expresso no movimento interno do texto, na argumentação do autor. Há o espírito mais sistemático e pedagógico do início do livro, onde ele é cuidadoso na definição das articulações de espaço e tempo construídas pela montagem e está preocupado em criar a base a partir da qual se caracteriza a "decupagem clássica" (para Burch, o "grau zero da escritura cinematográfica"), preparando assim o leitor para um entendimento maior das alternativas negadoras do tal "grau zero". Na medida em que estas alternativas são o foco maior de sua atenção, a sistematização inicial se faz dentro de um referencial que, embora de extrema simplicidade, apresenta um alto rendimento nas considerações que Burch faz sobre as diferentes propostas construtivas ao longo de seu livro. Ao salientar a pluralidade de vias abertas à imaginação do cineasta pelo processo de montagem – as múltiplas articulações de espaço e tempo, as múltiplas combinações de imagem e som – ele está interessado em acentuar os limites de um sistema de escolhas que atualiza apenas uma faixa restrita dentro do amplo espectro de relações possíveis: o cinema clássico reforça aquelas relações que tendem a produzir o "efeito-do-real" (na linguagem da crítica depois de maio de 1968), a "montagem invisível" (para lembrar André Bazin, o principal fundador dos *Cahiers* em 1951), a "política do ilusionismo" (expressão a gosto da crítica ligada ao cinema *underground* americano), a transparência.

Ao chamar nossa atenção para a estrutura do cinema clássico, o autor privilegia a observação do *detalhe construti-*

vo de filmes que procuram intensificar o nosso envolvimento emocional com a ficção neles contida. Ao ressaltar a forma, o método da realização, ele revela sua paixão por um tipo de fruição estética que, ao invés de dar exclusividade à estória narrada como lugar da "mensagem" do filme, caminha na direção mais interessante de uma assimilação da fatura da obra, a maneira como ela se constitui, pois esta define um modo de dizer que é tão "mensagem" quanto o dito. A unidade forma-conteúdo ou, se quisermos, a integração entre tema e forma é um pressuposto que Burch assume como quem respira, sem sentir necessidade de uma discussão problematizadora. Para uma sensibilidade marcada pelo contato estreito com a música moderna, em especial com a música serial e as construções de Pierre Boulez, para alguém empenhado em afirmar a dimensão poética do cinema e que se identifica com o trabalho de Robbe-Grillet, Resnais ou Godard, tal discussão seria supérflua. Não surpreende, portanto, a despreocupação, neste livro, com exposições teóricas mais alentadas que poderiam explicar melhor os conceitos usados. Não é seu objetivo. Escolhendo tal caminho, ele não tem problemas com a apropriação que faz de termos como *decupagem*, de uso corrente na crítica e, naquele momento, já tradicional na França, pelo menos desde André Bazin. No entanto, seu uso do termo *articulação* – que ele associa à descontinuidade elementar produzida pelo corte e passagem a outro plano na sucessão de imagens característica ao cinema – talvez ganhasse maior precisão se ele esclarecesse não se tratar do conceito de "articulação" já então de uso corrente no trabalho dos lingüistas e semiólogos. Quanto ao seu emprego do termo "dialética", chega a ser vago e um pouco abusivo conforme ele próprio reconheceu posteriormente, quando da edição do livro em inglês, em 1973 (sendo norte-americano de nascimento, Burch pôde acompanhar bem de perto a tradução, pontuando-a de notas esclarecedoras).

Tais possíveis reparos são, no entanto, secundários diante do que Burch nos ensina no seu corpo a corpo com as obras e na sua argumentação, bastante consistente para o nível de generalização exigido pela sua proposta. O que é aqui digna de registro é sua postura mais pragmática, notável se lembrarmos que a segunda metade da década de sessenta é um período-chave do *boom* semiológico, quando se corporifica, no nível da reflexão sobre cinema, a análise estrutural inspirada na lingüística e na antropologia. Com todo o seu aparato e refinamento, tal tipo de análise havia chegado ao cinema principalmente através dos ensaios de Metz e Eco, em ambos os casos com seu potencial prejudicado pela distância mantida, voluntariamente ou não, frente ao que define a efetividade de uma teoria: a análise de obras concretas. Face à agitação deflagrada pela polêmica estruturalista, Burch permanece imperturbável. Pode-se dizer que a noção de "obra aberta" (Eco) tem ressonância em *Práxis do Cinema*, mas aí não estamos propriamente no âmbito de uma metodologia específica; trata-se de uma noção à qual se pode chegar por múltiplas vias e que, por outro lado, tem relação direta com o debate onde Burch quer se engajar, ou seja, os caminhos da prática cinematográfica num momento particular de seu desenvolvimento (anos sessenta).

Há portanto, neste livro, o enfoque do crítico, não do tratadista, o que produz um contraste significativo entre o percurso encontrado aqui, econômico na exposição, e o percurso, por exemplo, de Jean Mitry nos dois volumes de *Estética e Psicologia do Cinema* (1963/65), obra marcada por certa desproporção entre o imenso arsenal teórico-filosófico mobilizado (amplamente tematizado no texto) e a potência do que é afirmado sobre filmes ou sobre procedimentos específicos à prática do cineasta. Neste sentido, embora argumente na direção contrária e seja o oposto na valoração, o enfoque de Burch está mais afinado à estilística de Bazin, onde a teoria se constrói através da análise de filmes e onde toda uma interpretação da história do cinema se constitui a partir da observação arguta de características a certas obras. Se Bazin é um professor que transcende a sua doutrina quando faz a defesa da prosa realista como vocação do cinema, Burch retoma os caminhos do maior mestre da crítica francesa para fazer a defesa do cinema que previlegia a dimensão poética, não referencial, do complexo imagem/som. A partir de Renoir, Welles e do neo-realismo, Bazin pensou a afirmação estética do Cinema como algo impulsionado pela indústria (a idéia mesma de "cinema de autor" ainda não implica aquela oposição ideológica aos mecanismos de dominação própria aos anos sessenta). Em 1967, Burch desconfia da indústria, que se reduz, no seu esquema, a um *apesar* na evolução da linguagem; o modo como ele solicita a experimentação e a supremacia do poético coloca de novo em pauta o que a formulação de Bazin havia soterrado: a militância anti-sistema da vanguarda dos anos vinte, com sua reivindicação de liberdade estética e seu desejo de sintonizar o cinema com a música, a poesia e as artes plásticas do século XX. Como será notado, em *Práxis do Cinema* é quase nulo o espaço franqueado à política; a exasperação frente ao comércio cinematográfico não se traduz numa consideração mais detida do mecanismo mesmo da dominação aí presente.

Entre o manuscrito e a publicação do livro, maio de 1968, a crítica de cinema na França e na Inglaterra abraça a política mais decisivamente. Burch acompanha o deslocamento geral, articulando sua batalha pela valorização de um cinema de ruptura à luta ideológica mais ampla de constestação ao capitalismo. Seu trabalho na Inglaterra, seus textos na revista *After-Image* no período 1973-74, sua autocrítica a propósito de *Práxis do Cinema* por ocasião da edição em língua inglesa expressam claramente a nova postura, reiterada no livro sobre cinema japonês (*To the Distant Observer: Style and Meaning in Japanese Film*), publicado em 1978, e nos artigos que escreveu para *October*, revista de New York dedicada às expressões da modernidade, dentro de um espírito de observação mais atento aos movimentos experimentalistas, na esfera da produção artística, e às tendências mais inovadoras na produção do ensaio, nos planos estético, cultural e político. O que podemos chamar de apostolado modernista de Burch se desenvolve em seus artigos e livros escritos nos anos setenta, com uma inscrição mais nítida de sua teoria no quadro de uma crítica global do ilusionismo como instituição básica da indústria cultural, forma mediada da expressão do interesse e da dominação em nossa sociedade. Retomando em novos termos a idéia de que códigos de representação cristalizam ideologias, Burch operou um curioso cerco aos códigos dominantes no mercado cinematográfico, procurando elucidar o período formativo destes códigos (1900/1915) e valorizar experiências de ruptura, como o cinema soviético dos anos vinte, o expressionismo alemão, o cineasta Carl Dreyer, o cinema japonês anterior à Segunda Guerra (ou Oshima a partir dos anos sessenta). A sua tônica, tal como a da crítica do período de ouro da "deconstrução" (décadas de sessenta e setenta), é de radical insatisfação com a permanência da quase totalidade dos filmes no "grau zero da escritura cinematográfica".

O dado interessante de seu cerco e contestação deste "grau zero" é o fato de seu instrumental teórico-crítico, como o de muita gente mobilizada na valorização dos cinemas alternativos, voltar sempre à referência central da decupagem clássica (outra expressão para o "grau zero") para caracterizar linguagens outras do cinema que a recusam, negam, superam. Ele traz ainda a marca deste círculo pelo qual o crítico afirma a legitimidade do cinema que deseja, ressaltando o que nele é negação do modelo dominante, de modo que, no processo, é a força deste modelo que parece tornar possível o entendimento das propostas inovadoras que o recusam. Esta espécie de precedência quase inevitável do cinema clássico nas explicações de quem quer caracterizar vários tipos de cinema é sentida de modo particular na esfera do ensino, das introduções, ensejando conversas e debates onde estão em jogo, de um lado, a defesa deste modelo como o "mais natural" e, de outro, a recusa de tal preconceito (não é outro o seu nome) por aqueles que julgam que o círculo apontado acima decorre de uma limitação da teoria, dado que esta foi engendrada para explicar exatamente a narrativa clássica.

Tem havido outros recortes e podem ser outras, hoje em dia, as formas de se começar a falar do cinema e de sua estética. Gilles Deleuze, por exemplo, tem uma forma muito particular que recusa os termos da velha noção de linguagem cinematográfica e, de modo agressivo, o império do modelo lingüístico que marca o trabalho de Christian Metz e o "grosso" da produção acadêmica dos últimos quinze anos. Os cineastas norte-americanos dos movimentos *underground* permaneceram sempre as figuras mais céticas frente à eficácia de uma teoria do cinema feita para pensar a narrativa e os "enunciados" da imagem. Nos anos oitenta, começa a ganhar espaço uma teoria que busca novos conceitos e procura se desatrelar desta tradição. Dado este contexto, *Práxis do Cinema* ganha interesse especial a partir de dois fatores: por um lado, os outros recortes, as outras estratégias de aproximar o leitor das questões do cinema, não podem reivindicar a mesma excelência no plano pedagógico, pelo menos por enquanto; além disto, considerando o quadro teórico dos anos 1967/75, Burch revela para o leitor atual a lucidez de ter trabalhado com noções que se referem a propriedades materiais, a técnicas, a procedimentos muito específicos à prática cinematográfica, de modo a conseguir para seu texto um rendimento didático e uma pertinência na relação com o objeto que não derivam de um "grande sistema" teórico aplicado *a fortiori* ao cinema. Assim, evitando a rigidez excessiva de conceitos, fez valer a experiência de quem, conhecedor dos debates e das alternativas da produção, soube ser claro porque reconhecia muito bem a favor do que e contra o que escrevia ao compor sua introdução ao cinema.

Ismail Xavier

NOTA DA TRADUÇÃO

A grafia dos títulos de filmes mencionados obedecem aos seguintes critérios:

O título original é mencionado, grafado em itálico, antes do título traduzido.

Entre parênteses, o título traduzido em português.

Para efeito dessa edição, assumimos a tradução com a qual o filme foi exibido publicamente no Brasil, comercialmente ou não.

Para títulos originais de difícil reconhecimento, como títulos japoneses, por exemplo, e não exibidos publicamente no Brasil com cópia traduzida, assumimos sua tradução francesa, mencionada entre parênteses em itálico.

I. ELEMENTOS BÁSICOS

1. COMO SE ARTICULA O ESPAÇO-TEMPO

O vocabulário do cineasta (ou do crítico cinematográfico) reflete, de modo significativo, sua maneira de pensar o cinema.

Em francês, fala-se de "decupagem técnica" ou, simplesmente, de decupagem. No dia-a-dia da produção, a decupagem é um instrumento de trabalho. É o último estágio do roteiro, aquele que contém todas as indicações técnicas que o diretor julga necessário registrar no papel, e que permite a seus colaboradores acompanharem o trabalho no plano técnico, preparando, em função dele, a sua própria participação. Por extensão, mas ainda no plano prático, decupagem é a operação que consiste em *decupar*, de modo mais ou menos preciso, *antes da filmagem*, uma ação (narrativa) em planos (e em seqüências). Mas, apenas em francês (daí deriva o termo em português) existe uma palavra para designar essa operação. O cineasta americano e o italiano, embora tenham um termo (*shooting script* em inglês e *copione* em italiano) para designar esse roteiro definitivo, simplesmente mencionam essa etapa como "escrever" ou "definir" o roteiro: é um estágio como qualquer outro na elaboração de um filme. É, portanto, com maior razão, que o terceiro sentido da palavra "decupagem", que deriva do segundo, corresponde a uma noção que só existe em francês. Neste caso, não se trata mais desta ou daquela fase da concepção prévia do filme, desta ou daquela operação técnica: trata-se, exatamente, da feitura mais íntima da obra *acabada*. Do ponto de vista formal, um filme é uma sucessão de *pedaços de tempo* e de *pedaços de espaço*. A decupagem é então a resultante, a convergência de um corte no espaço (ou melhor, de uma seqüência de cortes), executado no momento da filmagem, e de uma decupagem no tempo, entrevista em parte na filmagem, mas arrematada apenas na montagem. É através desta noção dialética que se pode definir (e, portanto, analisar) a feitura própria de um filme, seu resultado essencial. Sintética, esta noção é especificamente francesa. O cineasta americano, por exemplo (ou o crítico americano, na medida em que ele leva em consideração a técnica), encara um filme sob esses dois aspectos sucessivos: enquadramento (*set-up*) e montagem (*cutting*). Se nunca lhe ocorre que essas duas operações fazem parte de um único conceito é talvez porque lhe falte um termo para designá-lo. E se as conquistas formais desses últimos anos ocorreram na França, isto talvez possa ter acontecido devido a uma questão de vocabulário.

Quando se chega a considerar o modo pelo qual as duas decupagens parciais (no espaço e no tempo) se reúnem na Decupagem única e final, há uma tendência a se fazer o inventário dos diferentes tipos de relação que podem existir entre dois enquadramentos (decupagem no espaço) e duas seqüências sucessivas (decupagem no tempo). Tal classificação pode, à primeira vista, parecer um pouco primária mas, pelo que se sabe, nunca foi tentada e, ao nosso ver, abre importantes perspectivas.

Deixando de lado as diversas "pontuações" (efeitos de fusão e de cortina, por exemplo) que são apenas variantes ocasionais do "corte" simples (por uma razão que explicaremos mais adiante, preferimos este termo ao invés de *raccord* para designar a troca de plano), podemos distinguir cinco tipos de relações possíveis entre o "tempo" de um plano "A" e o de um outro plano, "B", imediatamente posterior a "A" na montagem.

Ambos podem ser rigorosamente contínuos. De certo modo, o exemplo mais claro dessa continuidade temporal é a passagem do plano de uma personagem que fala para o de uma personagem que escuta, enquanto a voz da primeira prossegue, ininterrupta, em *off*. É o que ocorre no campo/contracampo. Há ainda o que chamamos de "*raccord* direto" (mas esta designação refere-se à dimensão "espaço"; ver mais adiante). Se o plano A nos mostra uma personagem que se aproxima de uma porta, põe a mão no trinco e a entreabre, o plano B (tomado, por exemplo, do outro lado da porta) pode retomar a ação do ponto exato em que o plano anterior a havia deixado, mostrando o "verdadeiro" seguimento da abertura da porta, com a personagem em seu limiar etc. Pode-se até imaginar que esta ação seja filmada por duas câmeras simultaneamente, o que nos dará dois "planos"[1], que mostram toda a continuidade da ação sob dois ângulos diferentes. Na montagem, basta corta o final do primeiro plano e o início do segundo para obter de cada uma das mudanças de plano a mesma continuidade da ação filmada.

Todavia, pode haver um *hiato* entre as continuidades temporais que esses dois planos representam. É o que chamamos de *elipse*. Retomando o exemplo da abertura da porta filmada por duas câmeras (ou melhor, filmada duas vezes seguidas pela mesma câmera) podemos, ao acoplar os dois planos, *suprimir* uma parte da ação (no plano A a personagem põe a mão na maçaneta e a faz girar; no plano B, ela termina de fechar a porta atrás de si). É um processo utilizado comumente no cinema mais acadêmico para res-

1. É conveniente diferenciar os dois sentidos do termo "plano", dependendo de sua utilização na filmagem ou na montagem: no primeiro caso, um plano é delimitado por duas paradas de câmera e, no segundo, por dois cortes ou mudanças de plano. Para descrevê-los, na verdade, seriam necessários dois termos mas, tanto quanto se saiba, tais não existem em nenhuma língua.

tringir a ação, suprimindo o supérfluo: no plano A, uma personagem coloca o pé no primeiro degrau de uma escada, no plano B ela acaba de atingir o patamar do 1º... ou do 5º lance de escada. No exemplo da porta, em especial, é conveniente insistir no fato de que a elipse, que incide sobre esse simples gesto, está sujeita a um grande número de variações possíveis, uma vez que a ação "real" pode durar cinco ou seis segundos, que a elipse pode incidir sobre qualquer duração (de 1/24 de segundo a vários segundos), e que pode situar-se, indiferentemente, em qualquer estágio da ação. O mesmo ocorre nos casos de continuidade temporal, quando a mudança de plano pode, teoricamente, intervir onde quer que seja. Um montador nos dirá que há apenas um ponto "certo" para o *raccord* direto ou a elipse. O que ele quer dizer com isso é que apenas nesse ponto não se "perceberá" a mudança de plano[2]. Pode ser. Todavia, se o que procuramos é um estilo menos "fluente", uma estrutura mais aparente, toda uma gama de possibilidades continua aberta.

Eis portanto o primeiro tipo de elipse, aquele que é suficientemente curto para, não apenas ser percebido, mas também "mensurado". A presença e a amplitude de uma elipse devem, forçosamente, revelar-se pela ruptura mais ou menos evidente de uma virtual continuidade, seja ela visual ou sonora (o que não exclui, muito pelo contrário, a associação de uma continuidade tempo-som – ou até verbal – com uma descontinuidade tempo-imagem... cf. *A bout de souffle* [*Acossado*], *Zazie dans le métro*). Nos exemplos da porta e da escada, a elipse ou descontinuidade temporal é determinada em relação a uma virtual continuidade espacial, esboçada com força suficiente para que o espectador possa completá-la mentalmente, o que lhe permite "mensurar" a elipse... (do mesmo modo, a *continuidade* temporal é medida em relação a uma outra continuidade *ininterrupta*, visual ou sonora: se, por exemplo, formos transportados de um cenário para outro, mais afastado, por uma mudança de

2. Ver mais adiante nossas observações sobre "o grau zero do estilo cinematográfico".

plano [e sem qualquer meio de comunicação ou telefone], a relação temporal entre os dois planos ficará indefinida, podendo-se apenas indicar a continuidade por referências pouco sutis como um plano de pêndulo ou outra convenção qualquer, como a montagem alternada, isto é, um vaivém enfático entre os dois cenários[3]).

O terceiro tipo de *raccord* no tempo é, então, o segundo tipo de elipse, *i. e.*, a *elipse indefinida*. Esta pode referir-se a uma hora ou um ano e, para "medi-la", o espectador deverá receber ajuda do "exterior": uma réplica, um título, um relógio, um calendário, uma mudança de figurino... É uma elipse "a nível de roteiro", intimamente ligada ao conteúdo da imagem e da ação e que, por seu intermédio, permanece como função temporal autêntica[4] (pois, se o tempo do roteiro não é o tempo do filme, os dois podem estar ligados por rigorosa dialética). Pode-se objetar que a fronteira entre a elipse mensurável e a elipse indefinida é, como o próprio termo diz, mal definida. É verdade também que, se podemos medir com grande precisão o fragmento de tempo, que nós não percebemos, "gasto" com a abertura de uma porta, o tempo necessário para subir cinco degraus não poderá ser medido com a mesma exatidão. Todavia, esse tempo representa ainda uma "unidade" ("o-tempo-necessário-para-subir-cinco-degraus" é tão mensurável quanto "a-potência-da-luz-numa-vela"), o que não é o caso de "alguns dias mais tarde" (elipse indefinida).

Um "recuo no tempo" constitui um outro tipo de articulação temporal possível. No exemplo da porta, poderíamos mostrar, no plano A, toda a ação até o momento em que a personagem passa pela porta e, em seguida, retomar,

3. O fato de se tratar, neste caso, de uma simples convenção é amplamente demonstrado por um episódio da série de televisão *O Agente da UNCLE*, composto de duas ações montadas paralelamente: de um lado, assistimos às desventuras de Ilya Kuriakin, como refém de uma tribo árabe, que se estendem por vários dias e, do outro, às atuações de Napoleão Solo que duram apenas algumas horas.

4. É uma evidência recente, sobretudo depois que este tipo de elipse não é mais representado de forma sistemática por uma cartela com dissolvência de imagem.

no plano B, o exato momento em que a porta se abre, repetindo a ação de forma deliberadamente artificial. É um breve "recuo no tempo", freqüentemente utilizado por Eisenstein, com os surpreendentes resultados que conhecemos (v. a seqüência da ponte em *Oktiabre* (*Outubro*) e por alguns cineastas de vanguarda *La peau douce* (*Um Só Pecado*) e *L'ange exterminateur* (*O Anjo Exterminador*). No entanto, este processo, tanto quanto a elipse, é pouco utilizado (algumas imagens apenas) para dar a "aparência de continuidade". Este, evidentemente, é o objetivo de qualquer elipse "acadêmica", mas neste caso, referimo-nos a uma aparência "objetiva", a uma ilusão de ótica e não do espírito. Pois, quando se trata, efetivamente, de fundir dois planos mostrando a personagem ao cruzar a porta, seríamos levados, por razões de percepção que escapam ao assunto deste livro, a fazer uma elipse (ou um "recuo no tempo") de algumas frações de segundo, para que o movimento filmado parecesse mais contínuo assim, do que se o plano B tivesse retomado a ação "literalmente" no ponto em que o plano A a havia deixado. Porém, é evidente que o "recuo no tempo" aparece quase sempre sob a forma de *flashback*. Se uma elipse pode suprimir alguns anos, também o recuo no tempo pode remontar a alguns anos ao invés de alguns segundos. Este é o último tipo de fusão temporal, o "recuo no tempo indefinido", por analogia à elipse indefinida e em oposição ao pequeno "recuo no tempo" mensurável (pois a extensão do *flashback* é tão difícil de medir quanto o *flash-forward*). Se, hoje em dia, o *flashback* parece tão fora de moda, tão estranho ao cinema, é porque, à exceção de Resnais e de alguns filmes isolados como *Le jour se lève* (*Trágico Amanhecer*) e *Une simple histoire*, a função formal do *flashback* e suas relações com as outras funções temporais nunca foram bem assimiladas. Tratava-se apenas de um recurso narrativo emprestado do romance, da mesma forma que o comentário em *off* (que começa, ele também, a assumir outras funções).

Mas, não será verdade que, por trás dessa não-mensuração do *flashback* e do *flash-forward*, o que existe é que, ao nível orgânico do filme, os dois são perfeitamente idênticos? Ou, finalmente, que existem apenas quatro tipos de relações temporais, sendo o quarto tipo este grande salto no tempo, sem que se saiba em que direção? Esta é, evidentemente, a concepção de Alain Robbe-Grillet e, sob esse aspecto, *Ano Passado em Marienbad* estava talvez muito mais próximo de uma verdade orgânica do cinema do que se acredita atualmente.

Por outro lado, existem três tipos de relações possíveis e totalmente independentes entre o espaço de um plano A e o de um plano B. Esses três tipos apresentam analogias evidentes com os tipos de relações temporais.

O primeiro tipo de relação espacial entre dois planos é também de continuidade, "com ou sem continuidade temporal". Nosso exemplo da porta é, "nos três casos", um exemplo de continuidade espacial, já que vemos, a cada vez, no plano B, o mesmo fragmento de espaço já visto, inteira ou parcialmente, no plano precedente. De um modo geral, toda mudança de distância focal ou de plano no mesmo eixo (*raccord* no eixo) sobre um mesmo tema e no mesmo cenário (ou espaço delimitado) é um exemplo de continuidade espacial entre dois planos. Isso é óbvio. A partir daí, parece não haver senão um outro tipo de relação espacial entre dois planos: a descontinuidade espacial, isto é, tudo o que não se enquadra no primeiro caso. E, no entanto, esta descontinuidade comporta duas subdivisões que, curiosamente, correspondem às duas subdivisões da elipse e do *flashback*. De certo modo, o plano B, ao mostrar um espaço totalmente distinto daquele mostrado no plano A, pode estar *expressamente próximo* do fragmento de espaço visto anteriormente (por exemplo, no interior de um ambiente, num local fechado ou delimitado). Tal situação ensejou a criação de todo um vocabulário de orientação que sublinha sua autonomia face à terceira possibilidade, ou seja, a da descontinuidade total e radical, em que o plano B não se situa no espaço em relação ao plano A.

Este vocabulário leva-nos a uma outra palavra-chave que iremos abordar aqui: o *raccord*. Este termo sofre uma certa confusão por ser utilizado comumente para designar a mudança de plano. Na verdade, o *raccord* refere-se a qualquer elemento de continuidade[5] entre dois ou mais planos. Ele pode existir ao nível dos objetos (num local de filmagem, se ouvirmos "esses óculos não estão em *raccord*", isso significa que a personagem não usava os mesmos óculos ou até nenhum tipo de óculos no plano que se vai ligar ao que está sendo filmado); ao nível do espaço, podem ocorrer *raccords* de olhar, de direção, de posição ou até de objetos ou pessoas; ou ao nível do espaço-tempo, como no exemplo da porta, a velocidade deve combinar de um plano a outro, *i. e.*, deve ser a mesma, *aparentemente*). Para aprofundar esta noção de *raccord*, vale citar um pequeno relato histórico.

Quando, entre 1905 e 1920, os diretores de cinema começaram a aproximar suas câmeras das personagens, a decupar fragmentos no espaço do proscênio teatral, que foi o do cinema primitivo, eles perceberam que, se quisessem preservar a ilusão de um espaço teatral (espaço real, imediato e constantemente compreensível) – pois este era o objetivo e, para muitos, ainda é –, deveriam observar certas regras para que o espectador não se perdesse, nem ficasse privado desse sentido de orientação que ele experimenta diante da cena teatral (e, talvez diante das "cenas" da vida). Foi assim que nasceram as noções de *raccord* de direção, de olhar e de posição.

Os dois primeiros tipos de *raccord* referem-se aos casos em que há ruptura, mas, também, proximidade espacial entre os planos. Percebeu-se que, quando o plano A e o plano B mostram, separadamente, duas personagens que devem *olhar-se*, a personagem A estará olhando para o limite direito do quadro e a personagem B para o esquerdo, ou vice-versa. Pois, se em dois planos sucessivos, as personagens estiverem olhando para o mesmo lado do quadro, o espectador sentira "que elas não estão se olhando", e que de repente ele, espectador, perdeu a noção de espaço do cenário. Tal constatação, por parte dos cineastas da segunda geração, compreende, por si só, uma verdade fundamental,

5. A *script-girl*, cuja principal atribuição é checar os *raccords*, chama-se, em inglês, *continuity girl*. (E, em português, continuista – N. das T.)

mas apenas os russos, antes do stalinismo, chegaram a antever as suas verdadeiras conseqüências, a saber, que tudo está dentro do quadro, que o único espaço no cinema é o da tela e que este é infinitamente manipulável através de toda uma série de espaços reais possíveis. Esta desorientação do espectador, conseqüentemente, é um dos instrumentos fundamentais do cineasta. Mais adiante falaremos novamente sobre isso.

Como corolário ao "*raccord* de olhar", descobriu-se igualmente o "*raccord* de direção" (uma personagem ou veículo, que sai do quadro pela esquerda para entrar num novo quadro, representando um espaço vizinho ou "consecutivo", deverá obrigatoriamente entrar pela direita; do contrário, dará a impressão de haver mudado de direção).

Enfim, no que se refere às mudanças de plano com continuidade espacial, percebeu-se que quando duas personagens se encontravam na tela num plano relativamente aproximado, as respectivas posições para o primeiro plano (personagem A à direita, B à esquerda) devem ser respeitadas nos planos seguintes, sob o risco de criar-se uma confusão visual, tendo o espectador, invariavelmente, a impressão de que uma inversão de posições na tela corresponde a uma inversão no espaço "real".

À medida que as técnicas de decupagem evoluíram, essas regras foram se firmando[6], ao mesmo tempo em que os métodos que permitiam respeitá-las foram sendo aperfeiçoados[7], contribuindo para tornar cada vez mais claros os seus objetivos: a questão era tornar "imperceptíveis" as mudanças de plano com continuidade ou proximidade espacial. Com o advento do som e a crença no falso pressuposto de que o cinema seria um meio de expressão "realista", chegou-se rapidamente a uma espécie de "grau zero do estilo cinematográfico", pelo menos no que se refere à mudança

6. Citamos as principais, mas pode-se mencionar também a obrigatoriedade de mudar o ângulo em pelo menos 30º (ou de apenas não mudá-lo), que é da própria natureza do *raccord* no espaço.

7. Citamos o esquema de cortes, a regra da linha mediana e a maneira de trucar as velocidades para *raccorder* planos distantes e/ou próximos.

de plano. E as experiências dos cineastas russos, que tinham antevisto uma concepção de decupagem totalmente diversa, foram logo consideradas ultrapassadas ou marginais. O "falso *raccord*" devia ser banido, tanto quanto o "*raccord* pouco claro", uma vez que um e outro enfatizavam a *descontinuidade* da mudança de plano, ou a *ambigüidade* do espaço cinematográfico (nessa ótica, as superposições de *Outubro* são "maus *raccords*" e a decupagem de *A Terra* é obscura). Ao negar, desta forma, a polivalência da mudança de plano, os cineastas chegaram a passar de um plano para outro por razões esteticamente mal definidas, razões de mera conveniência, a tal ponto que, alguns deles, ao final dos anos quarenta, começaram a se questionar se essas mudanças eram realmente necessárias, se não era melhor suprimi-las pura e simplesmente, ou então usá-las apenas raramente e com uma função especial (Visconti, em *La Terra Trema*, Hitchcock, em *Rope* (*Festim Diabólico*), Antonioni, em *Cronaca di um Amore* (*Crimes d'Alma*)[8].

Atualmente, é preciso repensar o conceito da função e da natureza da mudança de plano, do mesmo modo que o do fazer cinematogrático como um todo e sua relação com a narrativa. Começamos a perceber que uma organização racional dos "cortes" (e dos próprios *raccords*) se impõe. Como vimos, cada mudança de plano define-se, efetivamente, por dois parâmetros: um temporal e um espacial. Há, então, de fato, quinze tipos fundamentais de mudança de plano, obtidos pela associação, uma a uma, das cinco possibilidades temporais às três possibilidades espaciais. Além do mais, em cada uma dessas associações, há uma variedade quase infinita, determinada pelo tamanho da elipse ou do *flashback* e, acima de tudo, por este parâmetro que, por si só, é variável ao infinito: as mudanças de ângulo e de distância focal sobre um mesmo assunto (sem falar das variações do "ângulo de proximidade", menos fáceis de mane-

8. Vale precisar que esta idéia de planos longos foi logo abandonada pelos três cineastas, o que correspondeu, pelo menos no caso de Antonioni, a uma conscientização profunda da importância da função da mudança de plano.

jar mas quase tão importantes quanto). Que não nos acusem de dizer o que não dissemos: que esses são os únicos elementos que funcionam quando há mudança de plano. Os movimentos de câmera e de personagens, o conteúdo e a composição de imagens sucessivas somente podem servir para definir um determinado *raccord* e não para definir as funções gerais do *raccord*. No que se refere ao conteúdo da imagem, é interessante saber que um primeiro plano de um homem imóvel, justaposto a um primeiríssimo plano de um prato de sopa, cria a ilusão de que o homem está com fome. Mas esta é uma função *sintática*, que nos ajuda a analisar o *raccord* como *significante*. Pois se o cinema é, ainda hoje, e em grande parte, uma comunicação imperfeita, sabemos que ele pode ser objeto puro, sua função sintática transformando-se, em simbiose com a função plástica, em "função poética". Desse fenômeno participam, a título de organização, os movimentos, as entradas e saídas de campo, a composição etc. Todavia, acreditamos que, no futuro, a mudança de plano será, para o cinema, a base de estruturas infinitamente mais complexas.

E já se pode antever pelo menos uma das direções possíveis para a organização dos *raccords*. Esses quinze tipos de mudança de plano podem *interferir entre si*, o que dá lugar a todo um outro jogo de permutações a estruturar. Efetivamente, no momento da transição, a articulação entre dois planos pode parecer definir-se por uma das cinco características temporais e por uma das três características espaciais já descritas, mas o desenvolvimento do plano B (ou mesmo de um plano posterior) pode revelar, *retrospectivamente*, que ele pertence a uma outra categoria, seja ela espacial ou temporal ou ambas. Os exemplos desse procedimento não são raros no cinema clássico. Em *The Birds* (*Os Pássaros*), há uma cena em que Tippi Hedren, demorando-se na casa da professora da cidade, telefona para seu noivo. Num primeiro plano, ela aparece em *close*. No plano seguinte, vemos a professora sentando-se numa poltrona. A personagem ocupa o quadro no início do plano e, pelo "jogo normal" da alternância de campos e, principalmente, pela falta de outra orientação, acreditamos que a câmera está assestada na direção de um outro canto do cenário: temos aí um *raccord* com continuidade de tempo (Tippi Hedren continua a conversar em *off*), mas com descontinuidade espacial. Entretanto, quando a professora acaba de sentar-se, ela revela o fundo do cenário e o espectador vê Tippi Hedren no meio do quadro, ao telefone: vemos então que existia também uma continuidade espacial, um corte no eixo. Somos guiados por uma falsa pista, o que nos obriga a mudar de idéia tarde demais, num percurso muito mais complexo do que aquele implícito na noção de "*raccord* invisível". Neste caso, o *raccord* fica impreciso durante alguns segundos, e sua verdadeira natureza só se revela algum tempo depois da mudança de plano propriamente dita. Este intervalo pode sugerir um outro "parâmetro de variações".

Em *La Notte* (*A Noite*), de Antonioni, há um ótimo exemplo de descompasso desse gênero, obtido por meio de um "falso *raccord*". Numa cena a três entre Marcello Mastroiani, Jeanne Moreau e Monica Vitti, a segunda, sozinha em cena, emite uma resposta ambígua, virada para o lado direito da tela. Pelo jogo de olhares e das posições anteriores, Monica Vitti estaria daquele lado... Mas, quando Jeanne Moreau se volta para o lugar onde deveria estar Marcello Mastroiani, descobrimos que quem está ali é Monica Vitti, o que modifica *a posteriori* a natureza espacial do *raccord* (neste caso específico, funciona o "ângulo de proximidade"), bem como o sentido da réplica. Por outro lado, é comum termos um plano de conjunto seguido por outro, mais aproximado, da mesma personagem e, na seqüência, verificarmos que o segundo plano se situa num outro momento (e, talvez, num outro local). É um processo de *flashback*, ou de elipse, bastante utilizado, mas que encobre um potencial mais complexo (ver *Une simple histoire*).

Nos exemplos citados, vê-se que este tipo de desorientação pressupõe uma continuidade espacial e temporal *coerente*, um contexto previamente articulado com *raccords* de compreensão imediata. Uma utilização mais sistemática[9] e estrutural da desorientação provocada pelo "*raccord* de

9. Estreado pouco antes da publicação deste ensaio, *Une femme douce* (*Uma Mulher Suave*) é totalmente feito com este tipo de *raccord* e revela as limitações de uma tal sistematização.

compreensão retardada", dependeria basicamente da definição de uma espécie de relação dialética entre *raccords* deste gênero e os outros. Esta dialética do "*raccord* visível" poderia então ter um caráter privilegiado, mas não mais se assemelharia a um *truque* gratuito... ou expressionista.

Todavia, outras possibilidades poderiam surgir da não-resolução desses "*raccords* abertos". O cinema daí resultante é um cinema cuja matéria-prima é a própria ambigüidade, em que o espaço "real" é constantemente checado, em que o espectador jamais poderia orientar-se (é o caso de *Ano Passado em Marienbad* e de *Nicht Versöhnt* [*Não-Reconciliados*])[10], principalmente ao nível de elipses e de *flashbacks narrativos* (indefinidos).

Vimos, então, sumariamente esboçada, a fisionomia de um jogo de "objetos" – os tipos de mudança de plano e os parâmetros que os definem – podendo prestar-se a uma organização rigorosa, quase que musical, por alternância ritmada, repetições, retroação, eliminação gradual, repetição cíclica e diversificação sistemática. Isto não é tão abstratamente teórico quanto se poderia crer.

Datada de 1931, a obra-prima de Fritz Lang *M* (*O Vampiro de Düsseldorf*) baseia-se, em sua construção, numa organização sistemática da função dos *raccords*: partindo de seqüências em que cada plano é espacial e temporalmente autônomo, em que a elipse e a mudança de cenário exercem papéis preponderantes, o filme evolui rigorosamente para uma utilização cada vez mais contínua da troca de planos, evolução esta que culmina, evidentemente, na célebre seqüência do "julgamento", em que a continuidade temporal e a espacial são rigorosamente respeitadas durante cerca de quinze minutos. Aliás, é oportuno lembrar que esta evolução utiliza um certo número de *raccords* de compreensão retardada, sendo que o mais notável deles ocorre no momento em que os gângsteres deixam o prédio onde o "sádico" havia sido capturado. Retomando um plano já visto diversas vezes, Lang mostra-nos um arrombador, através do

10. É evidente que, neste sentido, *L'homme qui ment* vai muito mais longe.

buraco no chão que ele havia feito para entrar no banco. Na seqüência, o homem pede a escada para poder subir. Depois de subir, ele descobre que não foram seus comparsas, e sim a polícia que lhe havia passado a escada. É deste modo que compreendemos que o tempo necessário aos policiais para chegarem e entrarem no prédio foi inteiramente "suprimido", e que este plano, ao invés de se situar imediatamente após a partida dos outros gânsgsteres, ocorre, na verdade, muito tempo depois do que se poderia pensar no momento da mudança de plano.

Mais recente, a realização da obra-prima de Marcel Hanoun, *Une simple histoire*, articula-se inteiramente em volta de princípios semelhantes àqueles descritos. Esses princípios, por serem empíricos, nem por isso são de um rigor menos absoluto. Voltaremos a eles mais adiante, de forma mais detalhada.

Atualmente, como a narrativa cinematográfica vem-se libertando gradualmente das estruturas literárias ou pseudo literárias (promotoras do "grau zero do estilo cinematográfico", que reinou absoluto nos anos trinta e quarenta e que, ainda hoje, exerce grande influência), é inegável que, apenas através da exploração sistemática das possibilidades estruturais inerentes aos parâmetros cinematográficos, poderá o cinema libertar-se das formas antigas de narrativas e desenvolver novas. Esses novos modelos, mais identificados com a música pós-Debussy do que as estruturas da literatura pré-Joyce, poderão articular-se de maneira orgânica, conferindo enfim ao cinema sua autonomia formal. Trata-se de estabelecer relações conseqüentes entre as articulações da decupagem e as do "roteiro" ou da narrativa, *umas determinando as outras e vice-versa*. É o caso também de dar a mesma importância tanto à desorientação do espectador quanto à sua orientação. São apenas dois exemplos das múltiplas dialéticas que constituirão a própria essência deste cinema por vir, um cinema em que a operação "decupagem de uma narrativa" não fará mais sentido para o verdadeiro cineasta, em que a definição de decupagem dada aqui deixará de ser uma concepção experimental e teórica para transformar-se num instrumento da prática. É este tipo de cinema do futuro que nós esperamos que venha logo.

2. *NANA* OU "OS DOIS ESPAÇOS"

Para compreender a natureza do espaço no cinema, pode ser útil considerar que se trata, efetivamente, de *dois* espaços: o que existe em cada quadro e o que existe fora do quadro. Para os objetivos desta discussão, a definição de espaço do campo (ou do quadro) é extremamente simples: constitui tudo o que o olho percebe na tela. O espaço-fora-da-tela ou quadro é, neste nível de análise, de ordem mais complexa. Divide-se em seis "segmentos": os limites imediatos dos quatro primeiros segmentos são determinados pelos quatro cantos da tela: são projeções imaginárias no espaço ambiente das quatro faces de uma "pirâmide" (esta é, evidentemente, uma simplificação). O quinto segmento não pode ser definido com a mesma (falsa) precisão geométrica e, no entanto, ninguém contestará a existência de um espaço-fora-da-tela, "atrás da câmera", diferente dos segmentos de espaço em volta da tela, mesmo que as personagens tenham acesso a ele passando geralmente à esquerda ou direita da câmera. Enfim, o sexto segmento compreende tudo o que se encontra atrás do cenário (ou atrás de um elemento do cenário): tem-se acesso a ele saindo por uma porta, contornando a esquina de uma rua, escondendo-se atrás de uma pilastra ou de uma personagem. Num limite extremo, este segmento de espaço encontra-se "atrás" do horizonte.

Mas, por intermédio de que meios esses segmentos de espaço intervêm no futuro do cinema? Poder-se-ia responder a esta questão de forma abstrata, mas preferimos fazer referência a um filme que se destaca como modelo da utilização exaustiva do espaço-fora-da-tela, em oposição sistemática ao espaço-da-tela. *Nana*, a obra-prima de Jean Renoir, é um filme-chave na história da linguagem cinematográfica.

Este filme, desde a primeira grande cena dramática (o encontro entre Muffat e Nana), coloca como condição essencial ao seu desenvolvimento plástico, a *presença de um espaço-fora-da-tela, cuja importância é igual à do espaço-da-tela*. Por intermédio de que recursos?

Os segmentos espaciais são definidos, em *Nana* como em todos os filmes, "pelas entradas e saídas de quadro". Em *Nana*, mais da metade dos planos começa e/ou termina por uma entrada ou saída de quadro, deixando por momentos a tela vazia antes ou depois de cada plano. Podemos afirmar que todo o ritmo do filme é marcado pelas entradas e saídas, cuja importância *dinâmica* é ainda maior, uma vez que o filme é quase que inteiramente constituído de planos fixos, com apenas uma meia-dúzia de carrinhos ou panorâmicas (sobre os quais falaremos mais adiante). Evidentemente, são apenas quatro dos segmentos de espaço enumerados acima, que são definidos dessa forma: o espaço atrás da câmera, o espaço atrás do cenário e, principalmente, os espaços contíguos aos limites esquerdo e direito do quadro. Os segmentos inferior e superior só interferem no que diz respeito às entradas e saídas de quadro no caso de *plongée* (câmera alta) e contra-*plongée* (câmera baixa) – o que é bastante raro nesse filme – ou então nos planos de escada. Dissemos que esses segmentos são "definidos" pelas entradas e saídas do quadro. Entendemos, pelo que foi dito, que essas partes do espaço ganham corpo na imaginação do espectador, toda vez que uma personagem entra ou sai de campo. Há um plano no início do filme em que Muffat, correndo para o camarote de Nana, cruza com o jovem Georges, outro de seus admiradores, que sai do camarote numa espécie de êxtase. O plano desse encontro é extremamente curto, dura apenas um segundo: os dois homens, em plano médio, contra uma parede lisa, são vistos em pleno movimento. Muffat entra pela esquerda e Georges pela direita, cruzam-se como duas flechas sem se olhar e saem por lados opostos. O essencial da ação desse plano (o trajeto dos dois homens) desenvolve-se em *off*, embora seja num tempo tão breve – o tempo que precede ou segue cada entrada e cada saída – que esta ação define ao mesmo tempo os segmentos à direita e à esquerda do espaço fora da tela.

Renoir esforçou-se também, o que era raro nessa época, por definir, através dessas entradas e saídas, o espaço situado "atrás da câmera" e "atrás do cenário". E isso com a mesma freqüência com que ele se dedicou ao espaço à esquerda e à direita da tela. As saídas e entradas pelas portas situadas bem no meio do quadro, precedidas ou seguidas por quadros vazios, são fraqüentes no filme (ver o tratamento dado ao salão e ao *boudoir* da casa de Nana). Ora, é principalmente o *quadro vazio* que atrai a atenção para o que se passa fora da tela, uma vez que mais nada, em princípio, prende o olhar ao quadro propriamente dito. Evidentemente, uma saída, que deixa um quadro vazio, atrai nossa atenção para determinada faixa do espaço-fora-da-tela, ao passo que um plano que começa por um quadro vazio nem sempre nos permite saber de que lado vai surgir nossa personagem, ou até mesmo se vai surgir alguém (ver mais adiante nossas observações sobre Ozu). Entretanto, os princípios do *raccord* de direção e de ângulo nos ajudam em alguns casos (principalmente naqueles em que ocorre a entrada eventual em campo de uma personagem, cuja trajetória havia sido antevista no plano precedente – o que está longe de ocorrer com freqüência em *Nana*). Em todo caso, desde que a personagem entra efetivamente no quadro, esta sua entrada nos propõe, embora de forma retrospectiva, a existência do segmento de espaço do qual ela surgiu.

Enquanto o quadro está vazio, todo o espaço ambiente possui o mesmo potencial: a partir do momento em que a personagem entra, o segmento de espaço de onde ela surge assume uma existência *específica* e *primordial*.

Renoir utiliza, muito mais do que era costume em 1925, uma saída de quadro "rente à câmera", o que define, a nosso ver, esse espaço localizado "às costas" da câmera. Mas, de um modo geral, podemos refletir sobre como interpretar essas saídas "em diagonal" (para se ter acesso ao espaço atrás da câmera, passa-se, quase sempre, pelo limite direito ou esquerdo do quadro, salvo no caso, relativamente raro, da passagem "através da câmera", em que a personagem bloqueia a objetiva – liberando-a somente no plano seguinte, para afastar-se no "contracampo"). Estima-se que noventa e nove por cento das entradas e saídas têm uma *direção predominante* (é o caso de uma entrada ou saída rente à câmera): somente uma personagem que saísse pelo ângulo do quadro numa *plongée* praticamente vertical, poderia, simultaneamente, fazer pressupor a existência dos dois segmentos.

Há também o caso de uma personagem cuja cabeça sai do quadro quando se levanta e que, na seqüência, sai inteiramente do quadro, seja pela esquerda ou pela direita: neste caso, ela combina sucessivamente dois segmentos. Primeiramente, o que é limítrofe à margem superior, e em seguida o que se limita à margem direita ou esquerda. Todas as combinações "horizontais" deste tipo são obviamente realizáveis.

A segunda maneira que o realizador tem para definir o espaço-fora-da-tela é pelo "olhar" em *off*. Freqüentemente, em *Nana*, uma seqüência ou parte de uma seqüência, como, por exemplo, as peripécias da corrida de cavalos, começa por um *close* ou plano aproximado de uma personagem que se dirige a outra, fora-da-tela. Às vezes, a situação é tal, o olhar tão fixo, tão *essencial* que esta personagem fora-da-tela (e, conseqüentemente, o espaço imaginário em que ela se encontra) adquire tanta ou mais importância que a personagem no quadro e no espaço da tela. Os criados de Nana espiam freqüentemente atrás da porta, a fim de ver o que se encontra no espaço por trás do cenário e, também neste caso, espaço e personagem invisíveis assumem uma importância tão grande quanto o que se vê. Por fim, há o olhar na direção da câmera, que serve para definir o espaço atrás do qual se acha o ponto de atração do olhar. Mas, esse olhar não é para a objetiva, pois, o olhar fixo na objetiva visa o espectador e não o espaço atrás da câmera. Aliás, este é um recurso muito usado nos filmes publicitários e nos apartes.

A terceira forma de determinar o espaço-fora-da-tela (em relação ao plano fixo e mudo) é por intermédio das personagens que têm uma parte do corpo fora do quadro. Evidentemente, o próprio cenário, que se estende por toda a volta do quadro, serve para definir o espaço fora-da-tela, mas de um modo totalmente "inoperante". Afinal, esse espaço é puramente "mental" e o foco de atenção "principal" é que representa, neste caso, o papel determinante. Quando um braço isolado entra no quadro para tomar de Muffat o porta-ovo com o qual ele brinca distraidamente, é que pensamos de forma explícita no espaço-fora-da-tela; até então, nem as pernas do Conde, invisíveis no limite inferior do quadro, nem as estantes, que se prolongam provavelmente além da margem esquerda, tinham o mesmo significado. Pois, é importante compreender que o espaço-fora-da-tela tem, em todos os filmes, uma existência episódica ou, melhor dizendo, "flutuante". É a estruturação deste fluxo que pode transformar-se num instrumento tão poderoso nas mãos do realizador, o que, acreditamos, Renoir foi o primeiro a compreender. Os planos em que uma mão entra em campo são freqüentes em *Nana*. Desses, o mais evidente é aquele em que uma mão de homem, invisível, aliás, entra em campo para oferecer uma bebida à heroína durante a seqüência do Bal Mabille. De certo modo, é um caso especial de entrada em campo, pois, como uma parte importante da personagem permanece em *off*, o espaço-fora-da-tela torna-se mais *presente* do que se a personagem entrasse em cena de corpo inteiro. Mas, esta terceira categoria comporta ainda uma subdivisão inteiramente *estática*: é o caso, por exemplo, do plano em que a cabeça e o tronco de Nana são cortados verticalmente pela margem esquerda do quadro, durante a longa explicação com Muffat, ainda no Bal Mabille.

É preciso falar ainda sobre o outro modo de dividir o espaço-fora-da-tela: espaço *concreto* e *imaginário*. Quando a mão do empresário entra no quadro para pegar o porta-ovo, o espaço onde ele se encontra, e que é por ele definido, é *imaginário*, já que ainda não o vimos e não sabemos, portanto, a quem pertence aquele braço. Mas, no momemto do corte no eixo, que nos revela toda a cena (Muffat e o empresário, de pé, lado a lado), este espaço torna-se concreto, *retrospectivamente*. O processo é o mesmo num campo e contracampo, com o contracampo transformando em concreto um espaço em *off*, que era imaginário em relação ao "quadro". Por vezes, este espaço-fora-da-tela pode *tornar-se* imaginário, na medida em que nenhum plano mais amplo, em outro eixo, ou nenhum movimento de câmera, venha nos mostrar de onde saiu o braço, o ponto de atração do olhar em *off*, ou o segmento em *off* para o qual a personagem se dirige ao sair. É o caso, por exemplo, do braço anônimo do Bal Mabille, já que nunca se vê o dono, nem – explicitamente, pelo menos – o espaço onde ele se encontra.

Por outro lado, na antológica cena em que Vandeuvre vem discutir com Nana por causa do jovem Georges, a passagem do plano americano das duas personagens, sentadas lado a lado, para o plano de conjunto que nos mostra apenas o Conde, sempre sentado no mesmo lugar, à extrema direita do quadro, evoca um espaço-fora-da-tela totalmente concreto, já que um pouco antes havíamos visto que Nana estava sentada a meio metro dele, um pouco além da margem do quadro. O Conde continua a olhar para Nana e falar-lhe, o que torna este fragmento do espaço-fora-da-tela especialmente presente no quadro. E sua presença ainda permanece, embora o Conde se levante e vá para o meio do quadro, pois sua poltrona continua no lugar e, desde o plano precedente, sabia-se que essa poltrona ficava bem perto da de Nana. No entanto, sem o sabermos, a natureza desde espaço irá se modificar: acreditávamos conhecê-lo bem, saber onde se encontrava Nana e, conseqüentemente, que fragmento exato do "segmento à direita" *atuava*, enquanto Vandeuvre media o tapete. E quando, finalmente, ele sai pela direita para encontrá-la de novo, no plano seguinte, pela esquerda, verificamos que Nana, nesse meio tempo, se havia recostado num canapé que ainda não conhecíamos (pelo menos, não nessa seqüência, o que dá no mesmo: no cinema, a capacidade de esquecer é extraordinária e isso explica porque a estruturação – ou reestruturação – do espaço só é possível numa escala de seqüência); deste modo constatamos, retrospectivamente, que a idéia desse espaço-fora-da-tela era falsa, que esse espaço não era o que pensávamos e que, segundo o vocabulário adotado, não era um espaço "concreto", mas *imaginário*.

A esta altura, é evidente que, mais uma vez, estamos diante de uma das dimensões *dialéticas*[1] da forma cinematográfica e seria interessante estabelecer um paralelo entre esse tipo de compreensão retardada e a verdadeira face do espaço-fora-da-tela, ou as defasagens na apreensão da natureza espacial-temporal do *raccord*. Trata-se de uma dialética que encerra possibilidades bastante complexas, especialmente na medida em que a apreensão do espaço-fora-da-tela, diferente daquela que se tem por intermédio de um dos três meios anteriormente descritos (por dois deles ou pelos três simultaneamente), pode ainda ser premonitória e imaginária ou retrospectiva e concreta (por exemplo, através do tipo de "elipse espacial" há pouco descrito). Tudo isso ocorre independentemente do segmento ou dos segmentos de espaço colocados em jogo, que constituem um outro fator multiplicador bastante considerável. Mas, a ambigüidade pode igualmente existir no mesmo nível dos dois espaços. É possível ver o espaço-fora-da-tela sem o saber (quando a câmera aponta para um espelho cuja moldura não vemos), e só percebê-lo depois de uma panorâmica ou do deslocamento das personagens; do mesmo modo, é possível supor que uma personagem ou objeto do plano anterior esteja fora do quadro, quando na verdade ele está ali,

1. Nossa utilização do termo "dialético" suscitou um certo número de contestações, principalmente em razão das conotações passionais que foram acrescentadas a essa palavra há uns cem anos. E é evidente que o nosso entedimento desse termo tem um sentido infinitamente mais elementar do que o que lhe era atribuído por Hegel. Para nós, trata-se de uma imagem, e não de um processo intelectual, de uma concepção estrutural baseada platonicamente em "questões e respostas". É uma imagem, aliás, que vamos encontrar em importantes pensadores contemporâneos como, por exemplo, Jean Barraqué ("a dialética musical") ou Gaston Bachelard ("a dialética do interior e do exterior", em *A Poética do Espaço*).

embora camuflado por um jogo de sombras ou de cores (como, por exemplo, em *Ukigusa* [*Ervas Flutuantes*] de Ozu, ou *Cronaca Familiare* [*Dois Destinos*] de Zurlini). Evidentemente, são casos relativamente raros e bastante equívocos: é quase como um jogo de palavras (por definição, não se pode "ver" o espaço-fora-da-tela), mas é importante saber que este tipo de inversão é concebível (talvez em outros termos), uma vez que isso ajuda a definir os limites até onde tal parâmetro pode evoluir.

Poderíamos nos perguntar qual a razão dessa análise. Mesmo admitindo-se que Renoir tenha tirado da oposição entre esses dois espaços uma parte essencial para o sucesso desse filme, realizado há mais de quarenta anos, não seria essa classificação considerada hoje como acadêmica e estéril? Não seria o caso de simplesmente descrever como são feitos todos os filmes, sob este ponto de vista? Certamente, todos os filmes utilizam as entradas e saídas de quadros: certamente, também, todos os filmes nos propõem uma oposição entre o espaço da tela e o espaço em *off*, seja pela troca dos olhares, seja pelos campos e contracampos ou pelas personagens cortadas etc. Mas, a partir de *Nana*, apenas raríssimos (mas excelentes) realizadores serviram-se dessa dialética para fins estruturais no cinema.

Um esclarecimento impõe-se. Se, hoje, *Nana* nos parece tão importante, isto se deve ao fato de que esse filme marcou o início da utilização sistemática e, principalmente, "estrutural" do espaço em *off*. Entretanto, durante longos anos, o filme mudo mais significativo quanto ao espaço em *off* foi *Variété*, de Ewald André Dupont. E por quê? Porque, durante uma cena de briga, que rapidamente se tornou célebre, Emil Jannings e seu inimigo rolam pelo chão, deixando o quadro momentaneamente vazio, até que uma mão segurando uma faca entra no quadro pela parte de baixo, antes de sair novamente da tela para desferir o golpe mortal. Finalmente, Jannings levanta-se sozinho no meio do quadro e várias gerações de historiadores do cinema nunca deixaram de aplaudir o que eles chamam de a "magnífica discrição" de Dupont. Desde então, a utilização do espaço em *off* tornou-se uma espécie de litotes, uma maneira de sugerir coisas consideradas muito fáceis de serem simplesmente mostradas. A introjeção desse princípio, transformado em verdadeiro sistema estético, foi o primeiro (e o melhor) filme de Nicholas Ray, *They Live by Night* (*Amarga Esperança*). Neste filme de gângsteres, toda a violência passa-se, sistematicamente, fora da tela, ou é "suprimida", o que cria inegavelmente um clima de "discrição" muito particular. Entretanto, esta diferenciação elementar entre as coisas vistas e as não vistas não leva em conta vetores complexos como a oposição *direcional* e *diversificada* entre o espaço da tela e o espaço em *off*, recurso já explorado por um certo número de realizadores.

O primeiro, depois de Renoir, a compreender plenamente a importância da existência dos dois espaços foi Yasujiro Ozu, um dos maiores cineastas japoneses do período entre as duas Grandes Guerras. Ozu foi o primeiro, talvez, dentre todos os realizadores, a compreender verdadeiramente a importância do quadro vazio[2] e da tensão que dele pode resultar.

Embora Renoir utilizasse freqüentemente em *Nana* entradas num quadro vazio e saídas deixando vazio o quadro, esses planos só ficavam na tela alguns segundos – apenas o tempo para que o ato de sair ou entrar da personagem fosse uma ação "acabada". Pode-se até mesmo dizer que uma certa monotonia visual é gerada pelo próprio processo (ainda que a repetição dessa intervenção desempenhe, como já foi dito, um papel primordial na estrutura rítmica dessa obra-prima). Ozu foi, talvez, o primeiro a jogar com a "duração" desses quadros vazios, antes das entradas e, principalmente, depois das saídas das personagens. Em Ozu, esta tendência aparece, de forma sistemática, a partir do seu último filme mudo (*Ervas Flutuantes*, 1935) e, em especial, em seu primeiro filme falado, *Hitori Musuko* (*O Filho Único*), de 1936, uma verdadeira obra-prima. Infelizmente, esta tendência tornou-se uma espécie de tique nas suas últimas

2. O quadro vazio tem um curioso ancestral pré-cinematográfico: um fragmento dramático de Baudelaire, no qual uma parte importante da ação se passa nos bastidores, deixando vazio o espaço cênico.

obras, muito mais estáticas e acadêmicas do que a sua produção de antes da Guerra.

Em *O Filho Único*, o quadro vazio é utilizado para criar toda uma rede de espaços em *off*, que se tornam concretos de forma totalmente original, através de planos detalhados do cenário: planos não situados, meramente "decorativos" e quase abstratos, que intervêm, em geral, após uma saída do quadro anterior ou antes de uma entrada no quadro seguinte. O uso desse procedimento culmina num plano vazio, bastante amplo (equivalente a um plano médio), que fecha uma seqüência dialogada "normal", e que nos mostra, durante mais de um minuto, um recanto perfeitamente neutro do cenário. Durante todo esse tempo, um discreto burburinho em *off* evoca vagas possibilidades de ação fora-da-tela, definindo-se enfim num barulho de usina que introduz a cena seguinte, a qual se desenrola num terreno baldio, perto da usina que produz o ruído. Ora, este plano surpreendente enfatiza uma verdade fundamental: quanto mais o quadro vazio se prolongar, mais se criará uma tensão entre o espaço da tela e o espaço-fora-da-tela, predominando este último sobre o espaço do quadro (cujo interesse se esgota mais rapidamente, na medida em que este espaço é mais simples, funcionando a tela branca... ou escura como limite). E Ozu, neste filme e nos que o sucederam logo depois, serviu-se desta tensão como de um *parâmetro variável* para estruturar a decupagem, já que a duração dos quadros varia de décimos de segundos a alguns segundos... Gama realmente intensa e totalmente perceptível para o olho treinado[3].

Um outro realizador, para quem o quadro vazio e, por conseguinte, o espaço-fora-da-tela que ele introduz, tem uma importância capital, é Robert Bresson. Tal afirmativa é especialmente tangível em *Un condamné à mort s'est échappé* (*Um Condenado à Morte Escapou*) e em *Pickpocket*.

3. E por que o olho não seria treinado? Por que os cineastas não se dirigiriam a uma elite como os músicos sempre o fizeram? Entendemos por elite as pessoas que querem se dar ao trabalho de ver e rever os filmes (muitos filmes), como se deve ouvir e ouvir de novo muita música para poder apreciar os últimos quartetos de Beethoven ou a obra de Webern.

Sob este aspecto, o plano em que Fontaine, em *Um Condenado à Morte Escapou*, vai matar a sentinela é particularmente ilustrativo. Nesse plano muito fechado, vemos primeiramente Fontaine, três quartos de costas, colado à parede próxima do ângulo atrás do qual sabemos que o guarda está. Reunindo coragem, Fontaine avança, sai do quadro à direita, contorna e entra novamente para cruzar o quadro e sair à direita atrás do ângulo da parede. O campo fica vazio (e totalmente neutro) durante o assassinato presumido (não se ouve nada) e, em seguida, Fontaine reaparece no quadro[4]. Como no plano em que Muffat e Georges se cruzam em *Nana*, este plano coloca em jogo, essencialmente, o espaço em *off*, mas de uma forma complexa e "sincopada". É possível atribuir este procedimento e outros semelhantes à "discrição" de Bresson, mas depois de *Au hasard Balthazar* (*A Grande Testemunha*) e *Mouchette* (*Mouchette, a Virgem Possuída*), sabemos que ele não é assim tão "discreto" e que, para ele, o que conta acima de tudo são as funções plásticas. Prova disso é a estruturação das entradas e saídas desse plano.

Em *Pickpocket* os quadros vazios atuam de modo muito mais sistemático; nele, Bresson faz uma verdadeira orquestração, marcando rigorosamente a introdução de tais momentos, sua duração e, através do som, delimita a extensão do espaço em *off* (principalmente nos planos em que o punguista sai do quarto e, em seguida, do próprio quadro, en-

4. Esta descrição é completamente falsa: Fontaine sai de fato do quadro apenas uma vez. Nós nos demos conta disso durante uma revisão do filme, pouco tempo antes de entregar os originais deste livro. Entretanto, decidimos deixar esta passagem exatamente igual, como exemplo voluntário (no texto, há certamente outros exemplos involuntários) do fenômeno que se pode chamar de "falsa memória dos filmes". É um fenômeno que tem relações profundas com a própria natureza da percepção cinematográfica e que mereceria um estudo aprofundado. O que se quer, aqui, é simplesmente evocar o embaraço que ele pode criar para o crítico, e também a função positiva que tal fenômeno pode representar para o criador. Efetivamente, este plano, tal e qual nós o descrevemos, existe num antigo curta-metragem realizado por nós e, acreditando "render uma homenagem a Bresson", nós reproduzimos este plano de acordo com o que dele nos lembramos.

quanto o barulho de seus passos descendo a escada é ouvido em *off*). De um modo geral, há casos (notadamente no cinema mudo) em que a simples duração de um quadro vazio, antes ou depois de uma entrada ou saída, pode determinar, *independentemente do som*, a extensão do segmento de espaço que atua efetivamente, mesmo que este seja imaginário; o mesmo ocorre quando uma personagem no quadro olha para outro em *off* (imóvel ou em movimento). Mas o som em *off sempre* introduz o espaço em *off*, esteja ele ou não associado a uma das modalidades espaciais anteriormente descritas. E quando o som atua sozinha (sons ambientais, música ou voz em *off*, sem indicação de direção), pode-se dizer que ele introduz todo o espaço ambiente, sem distinção de "segmento", e que há atraentes possibilidades de passagens do não-direcional ao direcional (ex.: música aparentemente "ambiental" que se revela ser o som do rádio dos vizinhos da esquerda, quando "Elle" bate na parede, no admirável *Elle et lui*, de Hani). Porém, mesmo quando não há indicação de direção (e esta indicação nos pode ser dada, no plano puramente sonoro, pela estereofonia), o som refere-se sempre ao parâmetro da "distância", em função da presença do plano sonoro. Tal parâmetro é ainda muito pouco explorado (ver, no entanto, *Chikamatsu Monogatari* [*Os Amantes Crucificados*], de Mizoguchi).

Assim, seja pelo som, pela duração do quadro vazio ou pelo olhar, é possível não apenas introduzir ora um, ora outro desses segmentos de espaço, mas também determinar-lhes a duração, de forma direta e bastante precisa (pelo menos no que se refere à "unidade de medida": não se pode dizer a quantos metros do quadro encontra-se a personagem em *off*, mas sim que ela precisa de quatro segundos ou vinte fotogramas para entrar no quadro, e é isto que torna esse parâmetro suscetível de organização).

Outro grande orquestrador das entradas e saídas: Michelangelo Antonioni, principalmente em seu primeiro filme e, até agora, sua obra-prima, *Crimes d'Alma*. Todavia, neste caso, não há quadros vazios. Sabe-se que este filme é decupado em cerca de duzentos planos somente: a maioria deles é de planos muitos longos e dá mostras de uma elaboração plástica absolutamente sem igual. Ora, o principal fator estrutural, neste caso, é a entrada e a saída de quadro, que funcionam como fenômenos pontuais e fazem atuar de forma complexa as partes limítrofes do quadro nos seis segmentos espaciais (especialmente, os limites esquerdo e direito). A seqüência da partida de bridge, composta de dois ou três planos totalizando cerca de três minutos, é estruturada pelas sucessivas entradas e saídas de Clara por um lado e, pelo outro, de uma pequena senhora ridícula, segurando um cachorrinho. Por intermédio dos movimentos de câmera e dos deslocamentos em *off* das personagens, as entradas e saídas sempre acontecem nos momentos e locais mais inesperados. Aliás, Antonioni retarda muitas vezes as saídas de quadro, utilizando os olhares, uma forma de "animar" os espaços fora-da-tela. É o caso do admirável plano-seqüência da ponte (preparação do crime), espécie de grande panorâmica circular, em que os amantes entram e saem alternadamente, a diferentes distâncias da câmera; essas entradas e saídas dão um ritmo alucinante à disputa que os opõe... e os une. Em seus últimos filmes, ao contrário, Antonioni utiliza sistematicamente o quadro vazio, de um modo que lembra um pouco Bresson. Entretanto, em *A Noite*, ele utiliza várias vezes um recurso totalmente original, através do qual a escala "real" do quadro vazio permanece indeterminada, até que a entrada da personagem a defina. No momento em que o marido volta sozinho para casa, vemos primeiramente a área do cenário, irregular mas sem nenhuma indicação de escala, a tal ponto que a entrada da personagem, saindo de uma porta de elevador (inidentificável até que se abre a porta), opera não apenas uma modificação na natureza do espaço fora-da-tela (fazendo interferir de forma específica o espaço "atrás do cenário"), mas também uma modificação do espaço do próprio quadro que, de repente, fica muito menor (e o plano, mais em *close*) do que parecia quando o quadro estava vazio. Um pouco mais adiante, quando Mastroianni está recostado num banco estofado enquanto espera o retorno da mulher, ele levanta os olhos numa direção diante dele e a câmera passa em "contra-*plongée*" sobre uma superfície ladrilhada. O olhar de Mastroianni sugere que este elemento de escala ambígua faz parte do cenário de seu apartamento muito moderno e, no entanto, quando Jeanne Moreau entra neste novo quadro, bem embaixo dessa imagem, vemos que ela é minúscula e constatamos então que se trata da imensa fachada cega de um edifício de vários andares. Esses dois exemplos de conscientização, a partir do corte na verdadeira escala de um plano, podem aproximar-se dos exemplos de "*raccords* de efeito retardado" citados no primeiro capítulo.

O terceiro método, utilizado por Renoir para articular entre si os dois espaços, consistia em cortar uma personagem na borda do quadro. Conhecido como método da "a-tração", é muito utilizado hoje em dia: os japoneses tiram dele um partido composicional[5] admirável, inspirando-se, evidentemente, nos princípios que norteiam as artes gráficas japonesas. Tal fenômeno é particularmente perceptível em Kurosawa e Ichikawa.

Guardamos para o final desta discussão o problema dos movimentos de câmera, pois estes são muito mais refratários à análise, sob o ponto de vista dos "dois espaços", do que o plano fixo. Voltando a *Nana*, havíamos dito que nele existe apenas uma meia dúzia de movimentos de câmera, o que os torna, obviamente, privilegiados. Entretanto, parece-nos que, dessa meia dúzia, apenas dois foram pensados explicitamente em função da relação entre o espaço da tela e o espaço em *off* (pensamos no longo carrinho para trás que, partindo dos travesseiros do leito[6], desvenda o enorme *boudoir* de Nana, jogando com o espaço fora-da-tela, na medida em que sua função é precisamente mostrá-lo... e no

5. Há composição desse tipo – cenas de amor em *Hiroshima, mon amour* (*Hiroshima, meu Amor*), *La femme mariée* (*Uma Mulher Casada*), que evidenciam de forma mínima os espaços fora-da-tela (embora se lhes atribua mais importância do que se os corpos estivessem totalmente contidos no quadro). Aliás, poder-se-ia, em relação a uma tal situação, imaginar uma intensificação pontual do espaço em *off* se, num determinado momento, um desses "fragmentos de escultura" começasse a se mexer, saindo completamente do quadro, ou a se rejuntar ao resto do corpo – uma outra possibilidade dialética que se esboça.

6. Esses travesseiros são vistos inicialmente numa vinheta, que se amplia no momento em que o carrinho é acionado. A vinheta e a íris, embora pouco usadas atualmente (ver, no entanto, *Jules et Jim* (*Uma Mulher*

plano em que a câmera mostra, primeiramente as pernas e, depois, insinuando-se, o tronco de Muffat, no momento em que este descobre o cadáver de Georges). É evidente que, qualquer que seja o movimento da câmera, ele transforma espaço fora-da-tela em espaços-da-tela e vice-versa. No entanto, esta não é a razão de ser de todos os movimentos de câmera. Muitas vezes, o movimento tem por finalidade criar um *plano fixo*, plasticamente falando, em torno de uma ou de mais personagens em movimento (citemos, no *Othello*, de Welles, os longos carrinhos para trás que precedem Iago e Otelo nas muralhas: neste caso, o espaço fora-da-tela só intervém no momento em que Iago se adianta a Otelo para sair de quadro). Os russos, e, em especial, Dovjenko, sentiram essa polivalência dos movimentos de câmera (citamos apenas duas dentre as suas numerosas funções) e lhe reservaram, em alguns dos seus filmes, um papel privilegiado. Em *A Terra*, os raros movimentos de câmera são leves reenquadramentos que nos mostram explicitamente um espaço em *off* muito próximo do enquadramento original. E pensamos que, se efetivamente é possível estabelecer uma organização rigorosamente dialética entre o espaço fora-da-tela e o espaço-da-tela, os movimentos de câmera deveriam intervir nesta dialética de maneira análoga à da concepção russa. O que não quer dizer que esses movimentos devam ser tão raros quanto em *A Terra* (ou em *Nana*), ou que devam sempre tomar parte desta dialética (propõe-se aqui uma outra dialética: entre os movimentos que partipariam da dialética dos dois espaços e os outros, os que dela não participariam).

A esta concepção do movimento privilegiado é interessante contrapor aquela que orientou a elaboração de uma outra obra-prima do cinema mudo francês, *L'argent*, de Marcel L'Herbier. Este filme, que data de 1927, foi o primeiro a utilizar os movimentos de câmera de modo sistemático, como a própria "respiração" da decupagem, anunciando,

para Dois) e *The Night of the Hunter* (*O Mensageiro do Diabo*), constituem um modo muito interessante de colocar em *off* determinada parte do espaço da tela: são procedimentos que, na ótica dialética proposta, encontrarão talvez o lugar que merecem.

com mais de vinte anos de antecedência, os pontos altos de um Welles ou de um Antonioni. Cenários estilizados representando grandes horizontes (assinados por Lazare Meerson) permitiam revelar, por intermédio de repetidos carrinhos, espaços em *off*, de extensão e variedade sempre renovadas; o espaço do filme, em constante evolução, conferia uma dinâmica totalmente nova à decupagem clássica que, aliás, era extremamente rigorosa. E se continuarmos acreditando que a análise dos movimentos de câmera, sob este ângulo, é coisa difícil, um estudo exaustivo de *L'argent* talvez nos desse a chave para essa análise.

Como vimos, as possibilidades de articulação racional, de organização estrutural das relações entre os dois espaços, através da simples organização rítmica das entradas e saídas – esta, por si só, muito rara – são ainda mais complexas do que as possiblidades de organização dos *raccords* (tanto mais que o *raccord* intervém, aqui também, através da relação concreto-imaginária descrita acima). Nossa análise desse importante parâmetro não é talvez tão exaustiva quanto a que dedicamos aos tipos de mudança de plano. Mas, a organização dos dois espaços é igualmente possível, de acordo com esses mesmos princípios paradodecafônicos (repetição, alternância, eliminação ou proliferação progressiva etc.). Certamente, este tipo de organização sistemática e plenamente articulada com a distância focal do filme é ainda bastante utópico, mas a obra de um Bresson ou de um Antonioni[7] mostra, acreditamos, que ela sairá um dia do domínio da especulação pura e simples.

7. Citamos também o admirável *Quelque chose d'autre*, de Vera Chytilova, que teria podido, tanto quanto *Nana*, emprestar seu título a este capítulo.

3. A PLÁSTICA DA MONTAGEM

Até aqui, tudo fizemos para olhar a imagem e o *raccord* sem, na verdade, vê-los, afastando toda e qualquer noção da sua especificidade. Mas, agora, sempre dentro dessa perspectiva estrutural que é a nossa, vamos olhá-los enquanto entidades plásticas particulares e reais.

1. *A Plástica da Imagem*

Em primeiro lugar, vamos experimentar ver o que distingue nosso olhar do olhar da câmera. Tarefa ambiciosa e arriscada, que muitos outros (especialmente Karel Reisz em seu excelente trabalho *A Técnica da Montagem Cinematrográfica*, Civilização Brasileira/Embrafilme, Rio de Janeiro, 1978) tentaram antes de nós. Todavia, por mais que se procure redefinir os componentes cinematográficos, não se poderá evitar esse problema.

Trataremos de abordá-lo, fazendo referência a um fenômeno que ocorre com bastante freqüência tanto no cinema como na realidade: o do reflexo nos vidros. Observemos enviesadamente a superfície de um *flipper*. Sendo a intensidade da iluminação a mesma nos dois lados da placa de vidro que o cobre, podemos, muito bem, distinguir o que se passa sob o vidro, e se nos interessamos pela partida em curso, veremos apenas ela: o vidro parecerá perfeitamente límpido. E no entanto, se quisermos olhar objetivamente esse vidro, e não mais seletivamente, constataremos que o reflexo do cenário ambiente se superpõe à imagem da partida, que as duas imagens são de intensidade sensivelmente igual, e que por pouco que a imagem refletida seja complexa, a partida jogada sob o vidro nos parecerá então praticamente ilegível. É apenas por um esforço inconsciente da mente (seleção) e do olho (foco) que chegamos a diferenciar as duas imagens superpostas e a eliminar a que não nos interessa.

Agora, se filmarmos este mesmo "quadro" sem tomar nenhum cuidado especial, a imagem filmada aparecerá como uma superposição de duas imagens e, projetada na tela, nosso olho dificilmente será capaz de distinguir as duas, sem conseguir eliminar aquela que, em princípio, não nos interessa. A imagem sob o vidro tornar-se-á definitivamente ilegível. Se quisermos transmitir o efeito percebido ao olhar a cena "a olho nu", seremos obrigados a colocar diante da objetiva um difusor *polaroid* para atenuar o reflexo ou então uma máscara, se possível, para esconder o fundo refletido.

Mas por que não podemos mais diferenciar as duas imagens, uma vez que ambas foram captadas em película e projetadas na tela?

Isso acontece porque tudo o que é projetado na tela tem, intrinsecamente, uma "presença", uma "realidade" rigorosamente igual. Projetada sobre a superfície plana da tela, essas duas imagens fundem-se numa só, indissociável. Isto se deve, em grande parte, ao fato de que a tela, tendo apenas duas dimensões, reflete tudo o que nela é projetado de uma forma sempre "presente" aos nossos olhos; mesmo as partes difusas da imagem são perfeitamente nítidas, visíveis, tangíveis, enquanto matéria: "conjuntos difusos" ("des paquets de flou"), como se diz. Um outro exemplo pode esclarecer melhor esta idéia. Imaginemos o que ocorre quando, durante a elaboração de um plano, o diretor de fotografia nota que um abajur ou outro bibelô encontra-se no eixo de uma personagem, a vários metros atrás dela, mas um pouco acima de sua cabeça. Mesmo que esse objeto tenha os contornos alterados pela diferença de foco, o enquadrador pedirá que se desloque o abajur, que parece "crescer na cabeça" da personagem. E, em princípio, com razão. Na vida real, quem quer que estivesse diante dessa personagem, no mesmo lugar da câmera, sequer notaria esse abajur, que não teria nada dessa saliência extra. Na tela, porém, tal justaposição nos saltaria aos olhos, pois o olho que olha para a tela vê tudo ao mesmo tempo e atribui a todas as formas e a todas as linhas uma importância plástica igual (enquanto que chega a não ver uma cabeça que tape um quarto dessa mesma tela!). Eis por que o problema da legibilidade é colocado muito mais com relação a uma imagem de cinema do que com relação a uma cena observada na vida real.

Sabemos que esta afirmativa referente à igualdade de todos os elementos de determinada imagem vai ao encontro de uma idéia cara aos críticos de arte do século XIX, idéia endossada pelos fotógrafos do século XX, isto é, que o olho é levado a percorrer uma imagem enquadrada de acordo com determinado itinerário, fixando-se primeiramente num "ponto forte" (situado geralmente em função do antediluviano "número de ouro") e, em seguida, caminhando através da composição segundo um percurso que se julga pode ser pré-determinado pelo agenciamento das linhas diretrizes dessa composição. O próprio Eisenstein era muito seduzido por essa noção e sua análise da batalha no gelo em *Aleksander Nevsky* (*Os Cavaleiros de Ferro*) baseia-se nela, no que se refere à parte visual. Ora, hoje em dia, tal concepção está tão ultrapassada em crítica pictural quanto a composição pelo "número de ouro" em pintura. Mesmo que o olhar do século XIX visse dessa maneira, não se pode dizer o mesmo do olhar moderno. Evidentemente, sempre há, numa determinada imagem cinematográfica, elementos que sobressaem mais do que outros: por exemplo, sempre chamará mais a atenção a personagem que fala... Mas, sempre veremos também o "todo enquadrado" do qual essa personagem faz parte e, em especial, a forma desse quadro como tal, mesmo que o fundo da imagem seja uniformemente branco, preto ou cinza, pois o "olhar" é uma função da mente e o "ver" uma função do olho. Diante da tela de cinema (como diante de um quadro ou de uma fotografia) a função "olhar" não comanda mais a função "ver", como acontece na vida real: a seletividade do "olhar" não afeta absolutamente a não-seletividade do "ver". Existe, porém, uma condição essencial para tudo isso: o espectador deve encontrar-se a uma boa distância da tela. Se ele estiver muito perto, tão perto que seu campo de visão não alcance toda a sua totalidade, seus olhos irão deslocar-se à medida que os focos de interesse se desloquem, sem nunca poder perceber toda a plasticidade da imagem enquadrada. Se, ao contrário, ele estiver muito afastado da tela, a distância irá esquematizar a tal ponto a imagem, que ele só verá os pontos de interesse num quadro que, de repente, ficou muito pequeno em relação à imagem que o diretor via no visor (imagem que enche quase que inteiramente o campo de visão), e em que os princípios de composição original são falseados (sabemos que, em pintura, uma determinada composição não é válida para todas as escalas e que, para cada composição, existe um formato ideal). Cálculos mostraram que a distância ideal, considerando-se todos esses aspectos e mais alguns, é de aproximadamente duas vezes a largura da tela. O fato de que, hoje em dia, é impossível a todos os espectadores estarem sentados a uma mesma distância em relação à tela não prejudica essa proposta, mas apenas mostra que as salas do futuro deveriam ser construídas de forma diferente[1].

1. Essas observações foram feitas antes de estréia de *Playtime* (*Tempo de Diversão*), de Jacques Tati. É evidente que, se elas ainda são válidas para todos os outros filmes, não o são mais para o filme de Tati, o primeiro na história do cinema ao qual é preciso assistir, não apenas várias vezes, mas também de diferentes distâncias. Trata-se, provavelmente, do primeiro filme realmente "aberto". Seria o único? As obras-primas sabem impor sua própria lei.

A partir do momento em que o cineasta toma consciência da natureza da imagem, tal e qual tentamos descrever aqui, que conclusões poderiam ser tiradas? Inicialmente, e esta é uma verdade de La Palice[2], todo quadro deve ser composto a todo instante e de forma completa. Mas as soluções de composição dentro de um determinado plano são tão diferentes quanto as personalidades de cada diretor. Além do mais, este problema ultrapassa os limites deste trabalho. Por outro lado, algo que muito menos realizadores perceberam, algo com que poucos se preocupam, é a possibilidade – até mesmo a obrigação, por pouco que se seja sensível à natureza orgânica, imperativa, do material tratado – de organizar as mudanças de planos, os *raccords*, em função da plasticidade dos "conjuntos enquadrados" sucessivamente, criando assim uma rede estrutural que pode abranger os conjuntos que já foram objeto de análise nos capítulos anteriores ou aqueles que abordaremos nos capítulos a seguir.

2. "Raccords" *Estáticos*

De um modo geral, o primeiro cineasta a preocupar-se com a forma abstrata no contexto de um cinema "concreto" foi Sergei Eisenstein. Foi ele também um dos raros cineastas a expressar por escrito suas preocupações formais.

A análise, feita por ele, da sua primeira obra-prima, *Bromenosets Potiomkin* (*O Encouraçado Potemkin*), enfatiza, por um lado, a forma global da obra, baseada nos cinco atos da tragédia clássica, no princípio da cesura e no número de ouro, e, por outro, a organização plástica da montagem da célebre seqüência da escadaria de Odessa.

Esta montagem, diz Eisenstein, articula-se em torno das oposições entre o conteúdo dinâmico dos planos (movimentos rápidos *versus* movimentos lentos, movimentos ascendentes *versus* movimentos descendentes) e das oposições

2. Expressão utilizada em francês para indicar que se trata de "algo óbvio". (N. das T.)

entre os tamanhos dos quadros (e, conseqüentemente, entre os números de personagens ou de objetos enquadrados). Através do jogo dessas oposições é que se cria a tensão estética excepcional dessa histórica seqüência.

Ao analisar a procissão religiosa em *Generalnaya Linnia* (*La ligne générale*), Eisenstein introduz uma noção nova, que ele chama de "montagem polifônica", espécie de combinação "musical" entre as diversas "vozes" da seqüência (calor, êxtase... imagens de cantores e cantoras... mas também entre os diferentes tamanhos dos planos).

Entretanto, uma das maiores descobertas de Eisenstein, da qual ele parece só ter falado incidentalmente, é a estruturação da montagem em função da composição de planos sucessivos, principalmente no que se refere a uma série de planos mostrando o mesmo tema sob ângulos sucessivos.

Para compreender tal fenômeno, devemos mais uma vez recorrer à pintura, a um movimento de pintura surgido apenas alguns anos antes da chegada de Eisenstein ao cinema. Trata-se do cubismo e, principalmente, dessa fase da aventura cubista que nós chamamos de cubismo sintético. Quando Braque pinta seu célebre *Bilhar*, pode-se dizer, numa extrema simplificação, que ele combina numa mesma composição "visões" do bilhar "tomadas" de diferentes "ângulos", e que a tensão plástica essencial do quadro nasce do fato de que nele encontramos, rigorosamente colocados uns em relação aos outros, elementos do tema "original" que são identificáveis como sendo o mesmo, reproduzido diversas vezes com apenas uma ou outra modificação. A representação de determinada quina do móvel aparece como a "rotação" ou a "projeção" mais ou menos deformada de uma outra representação da mesma quina e a satisfação que se experimenta ao contemplar o quadro provém, em parte, da tensão que nasce desse "deslocamento" e da comparação por ele desencadeada. Os livros de teoria afirmam, de maneira um pouco simplista, que a grande inovação do cubismo foi mostrar-nos diferentes facetas de um mesmo tema, o que a pintura "com um ponto de vista único" não podia fazer. Esta ética pluralista, porém, ultrapassa o domínio do conhecimento: a beleza da obra vem do fato plástico gerado pela superposição especialmente organizada desses diferentes "ângulos de visão". Ora, com a memória visual, a sucessão de cortes de dois planos mostrando na tela dois pontos de vista no mesmo "quadro" (tema) pode fornecer uma satisfação análoga. E, além disso, os deslocamentos de um plano para outro – em relação às coordenadas fornecidas pelos limites do quadro – na mesma linha ou numa mesma superfície podem formar a trama de um jogo de tensões e de permutações eminentemente satisfatórias em sua complexidade e coerência, um jogo inteiramente suscetível de ser estruturável.

Se este potencial estrutural nos parece evidente, essa noção de satisfação perdura, embora, convenhamos, de forma bastante vaga. Tal noção corresponde a uma realidade sensível, que nos parece ser confirmada pela existência da "regra dos 30°". Trata-se de uma regra que se firmou empiricamente nos anos vinte, e que preconiza que todo novo eixo sobre o mesmo tema deve diferir do eixo precedente num ângulo de pelo menos 30°. Notou-se, efetivamente, que alterações de ângulo inferiores a 30° (a menos que se trate de uma "mudança de plano no eixo") provocam no espectador o que se convencionou chamar de "salto", uma espécie de desconforto devido à pouca expressão e nitidez da mudança ocorrida: o novo plano não tem autonomia suficiente, principalmente porque as distâncias focais são próximas. Pode-se ainda afirmar que esse desconforto provém da gratuidade plástica de tal "mudança de plano" e, principalmente, da frustração do olhar, que pede deslocamentos sensíveis dos contornos de um tema, quando houver deslocamento, ou ainda, que as tensões dele resultantes sejam visíveis e nítidas.

Vale ressaltar aqui que, embora essa regra nos ensine algo essencial sobre a natureza da mudança de plano, ela não mais deve ser considerada como absoluta: a mudança de ângulo de menos de 30° começa a ganhar espaço no vocabulário do cineasta moderno. Pois, como já vimos, a propósito dos *raccords* de olhar e de direção, esse "desconforto" pode constituir um elemento de tensão totalmente construtivo (ver *Acossado* e a obra de Samuel Fuller, cheia de *jump cuts*, geralmente associados a cenas de violência).

Dissemos que Eisenstein foi provavelmente o primeiro cineasta a pensar na composição da imagem através do *raccord*. Em *Outubro*, a série de "contra-*plongées*" sobre as torres da catedral compõe-se de simples inversões de diagonais, enquanto que a alucinante seqüência das bicicletas suspensas utiliza um jogo simples mas muito atraente de variações de círculos brilhantes contrastando com o fundo escuro. Em *La ligne générale*, a seqüência de *flashes* ultra-rápidos da torneira da desnatadeira utiliza relações um pouco mais complexas (diferentes encurtamentos justapostos ao "perfil cheio"). Mais claras, mais elementares, apesar de igualmente eficazes, são as múltiplas inversões de direção da fila de charretes sulcando os campos atrás do todo poderoso trator. Mas o exemplo talvez mais perfeito dessa técnica de recomposição pertence à primeira seqüência de seu filme desaparecido *Bezhin Lug* (*Le pré de Béjine*). Ela mostrava o cadáver de uma mulher estendido sobre uma carroça enquanto o filho, ao lado, chora diante da contemplação do pai; todos os elementos do "quadro" constavam de cada novo plano, mas numa disposição radicalmente diferente em relação ao anterior, criando uma nova variante no espaço "de origem". Infelizmente, é impossível fazer uma análise exaustiva dessa seqüência, uma vez que só a conhecemos através dos fotogramas que seriam os únicos vestígios do filme. Somos, pois, forçados a pensar que foi na primeira parte de *Ivan Grozni* (*Ivan, o Terrível*) que Eisenstein levou mais longe essa preocupação com a organização plástica de um plano para outro. E dentre todos os exemplos que poderiam ser citados, talvez o mais claro e o mais belo seja a seqüência em que os padres rezam numa capela durante a falsa agonia de Ivan. Nessa seqüência, toda a imagem é muito escura, à exceção de um ícone brilhantemente iluminado, que reaparece em cada quadro novo, a cada vez num local diferente na tela, e também com uma distância focal diferente. São os arabescos traçados pela mudança de posição do ícone na tela que constituem a trama da seqüência, trama esta sobre a qual a massa sombria dos padres tece uma espécie de equilíbrio, em contraponto com o jogo das distâncias focais *versus* mudanças de ângulo e dos falsos *raccords* de posição. Aqui, abordamos uma contradição extremamente importante, uma contradição que, na verdade, é apenas um novo tipo de dialética, inerente a este conceito de montagem. Efetivamente, visando obter relações harmoniosas entre os sucessivos planos, quanto à disposição das partes escuras entre si e sua relação com a mancha clara do ícone. Eisenstein "trapaceou" as posições relativas dos padres (que permanecem imóveis) de um plano para outro. Ora, isso significa violar uma das sacrossantas regras da "continuidade" espacial, uma trapaça que deveria provocar esse famoso "desconforto" – mas nada disso acontece. E por quê? Porque, neste caso, Eisenstein nos impõe uma concepção toda pessoal do espaço cinematográfico, criando um espaço que só existe em função da soma dos planos desta seqüência[3]; não se tem a sensação de um cenário prévio, no qual esta série de planos se insere de algum modo, mas de um espaço com uma existência tão múltipla e emaranhada quanto o bilhar de Braque, um cenário que é a soma de todas as visões possíveis desse mesmo cenário, através de planos sucessivos, e que tira coesão da harmonia plástica das mudanças de plano. Evidentemente, trata-se de uma realização rara e difícil. Certos falsos *raccords* no quarto em que Ivan "agoniza", concebidos com uma finalidade de composição análoga (seu objetivo era, principalmente, harmonizar cada plano em separado), só provocam, efetivamente, um desconforto: a unicidade espacial desse quarto é por demais reafirmada, antes e depois desses *raccords*, muito isolados para que se possa considerá-los como algo mais do que meras violações. Mas a cena dos padres existe e mostra o caminho, esboçando talvez pela primeira vez a articulação coerente de um espaço mais "aberto", na medida em que é rigorosa a mudança, plano a plano, dos objetos que a compõem.

Um dos autores contemporâneos mais atraídos por este novo conceito é Akira Kurosawa, principalmente na primeira parte do seu surpreendente *Tengoku to Jigoku* (*Céu e*

3. *La passion de Jeanne d'Arc* (*O Martírio de Jeanne d'Arc*) é construído em cima dessa idéia simples e constitui uma perfeita iniciação a esse conceito fundamental.

Inferno). Durante cerca de uma hora, a ação desenvolve-se quase que inteiramente no interior do salão envidraçado do apartamento de um grande industrial, enquanto se organiza a caçada ao raptor que seqüestrou o filho do motorista. O filme é em "cinemascope", o que realça ainda mais a maior parte das ligações, baseadas na passagem constante de um plano ao outro entre as numerosas personagens que se acham simultaneamente ou alternadamente no cômodo (o industrial, sua família, os criados e os policiais). Esta mudança, na verdade, serve a um processo de seleção. Num primeiro plano, podemos ter, da esquerda para a direita, as personagens "A", "B", "C" e "D"... No plano seguinte, a escolha do eixo (e uma certa "trapaça" nas posições do *raccord*) pode fazer parecer que "D" esteja na extrema esquerda do quadro, "B" à extrema direita e que as demais personagens tenham sido eliminadas do campo. Em seguida, "C", "B" e "A" podem ressurgir dessa nova ordem no plano seguinte, e assim por diante. Esse tratamento das personagens como unidades de permuta, concepção situada mais além das definições habituais de *raccord* de posição, permite uma organização mais avançada, quase serial de um plano ao outro, uma organização que apóia, de certo modo, a progressão dos diálogos, integrando-se ou opondo-se a eles de uma maneira que se pode qualificar de dialética (mesmo que esta noção não se aplique claramente a este filme).

Voltemos atrás no tempo para citar um outro exemplo de organização plástica baseada, ainda neste caso, na permuta de formas idênticas ou semelhantes (a morfologia humana sendo considerada nesses casos como uma constante, independentemente da alternância das personagens como indivíduos). Trata-se da primeira parte de *Boule de suif* (1934), primeiro filme de Mikhail Romm, toda passada num único e estreito cenário: o interior de uma diligência. Provavelmente, a fim de evitar a monotonia inerente a este tipo de situação (uma conversa entre meia-dúzia de personagens, sempre sentadas nos mesmos lugares; e, acima de tudo, um filme mudo, coisa rara nessa época), Romm utilizou como recurso uma decupagem praticamente sem planos repetidos, fato notável por si só e que, além do mais, dá provas de uma necessidade de constante renovação na decupagem. Todavia, às contínuas permutas dos rostos, quanto à sua identidade, distância focal, orientação e número, acrescenta-se uma oposição tão constante quanto variada, situada entre o difuso e o nítido: ora um rosto em primeiro plano à direita do quadro é nítido, enquanto dois rostos ao fundo são difusos, ora um rosto ao fundo ou no meio do quadro é nítido com parte dos dois rostos ligeiramente difusos. Como se vê, as possibilidades de variação, associando-se este parâmetro aos quatro outros já descritos anteriormente, são enormes e Romm explora-as a fundo[4].

Até agora, falamos apenas da organização plástica de cada plano através do "corte seco", em que a memória do olho, que efetua a fusão do plano A para o plano B, estabelece comparações das quais surgem as tensões estruturais que são a razão de ser desse tipo de montagem. Todavia acreditamos que, do ponto de vista plástico, a fusão não é senão uma outra maneira de justapor duas composições; a única diferença reside no fato de que a superimpressão momentânea concretiza uma relação plástica, a qual, aliás, é da mesma ordem que a outra, "imaginária", que existe entre dois planos ligados por um corte. Esta evidência perdeu-se depois que a fusão se tornou uma "pontuação" capaz de ligar qualquer plano a outro para indicar uma passagem de tempo. Mas, esta é uma convenção relativamente recente.

Efetivamente, quando se inventou a fusão, nos primeiros tempos do cinema mudo, ela era utilizada de modo muito mais livre; raramente era utilizada para significar o que quer que fosse e, em todo caso, quase nunca para indicar uma passagem de tempo. Não era necessário pois, para tal,

4. Aliás, é interessante notar que, na escala do próprio filme, há total oposição entre esta primeira parte e a segunda, passada inteiramente dentro de um albergue: nesta segunda, os planos são imensos, utilizando ao máximo a profundidade de campo, focais muito curtas e "contra-*plongée*" sistemáticas, prenunciando o estilo de Welles. Curiosamente, esta divisão em duas partes não deixa de ter analogia com a contrução de *Céu e Inferno*, cuja segunda parte abandona quase que inteiramente o apartamento do início para desenrolar-se nas ruas e becos de Tóquio.

havia os intertítulos. Numa época em que o público ainda não estava habituado a acompanhar a montagem, mesmo a mais rudimentar, utilizavam-se as fusões para ligar "suavemente" um primeiro plano a um plano de conjunto (ou inversamente), dentro de uma mesma seqüência contínua. E mesmo quando a noção de decupagem foi assimilada, a "fusão" continuou a ser usada com fins essencialmente plásticos, rítmicos ou "poéticos" (Abel Gance, Germaine Dulac, Jean Epstein e Marcel L'Herbier, principalmente). Mesmo com o advento do som, a fusão continuou a servir de maneira bastante diversificada e livre. Em *Applause* (*Aplauso*), 1929, Ruben Mamoulian utiliza fusões para passar de um plano de uma personagem ao telefone para outra mostrando seu interlocutor do outro lado da linha. Seriam necessários ainda muitos anos para que a atual convenção fosse estabelecida, para que a fusão significasse, de uma vez por todas, "passagem de tempo".

Cineastas da jovem geração reagiram violentamente contra a facilidade dessa convenção, suprimindo a fusão, pura e simplesmente, em muitos de seus filmes (Godard, Resnais, Hanoun). Mas Robert Bresson, apesar de continuar a atribuir textualmente à fusão seu significado convencional, utiliza-a de fato como elemento estrutural, ao mesmo tempo rítmico e plástico, reencontrando dessa forma a livre abordagem dos cineastas do cinema mudo. O que impressiona em filmes como *Le journal d'un curé de campagne* (*O Diário de um Pároco de Aldeia*), *Um Condenado à Morte Escapou* e *Pickpocket* é o cuidado em dar à fusão uma autonomia plástica, em tornar concretas ligações que poderiam perfeitamente ocorrer entre dois enquadramentos, utilizando matérias idênticas, semelhantes ou totalmente diversas (ver mais adiante). Em *Pickpocket*, especialmente, as oposições entre os ângulos sob os quais a mão, em imagens encadeadas em fusão, "ataca o bolso", bem como os deslocamentos da mão no quadro, constituem um novo avatar deste tipo de montagem plástica inventado por Eisenstein e desenvolvido por Romm, Kurosawa e outros. É claro que, ao nível rítmico, existe uma diferença importante, a superposição não é instantânea mas "imaginária", dura vários segundos, é mais lenta, mais fluida e, acima de tudo, "real".

No entanto, espacialmente, é exatamente da mesma natureza.

Antes de deixarmos o domínio do *raccord* estático, é preciso dizer algo sobre a justaposição de planos díspares, sem nada de comum entre si, seja por semelhança, seja por identificação. É possível "organizar" este tipo de *raccord*? O problema é delicado mas parece-nos que, seja como for, tais relações plásticas somente podem ser discutidas em casos específicos. Este é um fenômeno impossível de analisar em termos gerais, mesmo do modo vago com que acabamos de analisar outro tipo de mudança de plano (esta abordagem plástica implica, efetivamente, essas duas divisões do *raccord*). Trata-se, porém, de um problema que cada realizador deve ter em mente e que deve tentar resolver de maneira específica, quanto mais não seja em termos pragmáticos.

3. "Reccords" *Dinâmicos*

No início deste estudo, limitamo-nos a discutir a organização possível dos *raccords* ao nível plástico, entre planos de caráter essencialmente estático no momento da mudança de plano.

Mas, a mudança de plano pode, evidentemente, intervir num momento em que parte essencial de um dos dois planos está em movimento. É possível estruturar este tipo de *raccord*, independentemente ou em conjunto com outros tipos de estrutura que, como vimos, podem ser aplicados tanto a planos totalmente estáticos como a outros que comportam elementos de movimento (os movimentos das personagens em *Céu e Inferno* não atuam no princípio estrutural por nós descrito).

Uma vez mais, temos que voltar a Eisenstein, o primeiro a se preocupar com o problema da "montagem dinâmica". Dissemos que, na seqüência da escadaria de Odessa, um dos princípios estruturais da montagem é a oposição entre movimentos ascendentes e descendentes. Neste caso, porém, as direções dos movimentos reais e dos movimentos mostrados na tela coincidem; os movimentos ascendentes das pessoas de Odessa, que estão subindo as escadas, e os movimentos dos policiais, descendo os degraus, são filmados de modo a reproduzir exatamente na tela essas direções. Em *Outubro*, entretanto, há uma série de planos mostrando um trem indo em direção à fronteira: o primeiro plano mostra-nos a madeira dos vagões que passam da direita para a esquerda e o segundo mostra esses mesmos vagões, com a mesma distância focal, mas indo da esquerda para a direita. Ora, esta é uma violação radical do princípio do *raccord* de direção; mas Eisenstein sentiu necessidade de unir esses dois planos deste modo, sem um "plano de corte", devido à satisfação estética, ao sentimento de violência e de velocidade dissonante provocado por esta mudança de plano. É um exemplo simples e isolado, mas que revela estruturas que podem surgir das mudanças de direção em relação à tela, referentes a movimentos que, na "realidade" subjacente, "suposta", são expressamente contínuos. Um dos exemplos mais notáveis de uma seqüência de planos construídos em cima desse princípio encontra-se no início de *Bob le flambeur*, de Jean-Pierre Melville. Bob surge na praça Pigalle, de madrugada, e sua passagem é vista de muitos ângulos radicalmente diferentes, cada um deles incluindo a visão de um carro-pipa da prefeitura que dá a volta na praça. Ora, como os ângulos de tomada da cena são diferentes, a direção do carro-pipa em nenhum momento serve de ligação de um plano para outro: ora ele avança da esquerda para a direita, ora da direita para a esquerda, ora fasta-se da câmera, ora aproxima-se dela. A beleza da seqüência reside, precisamente, nessas "bifurcações", nessas rupturas do trajeto aparente na tela, que nós reconstituímos mentalmente, em oposição à continuidade do percurso real (ou tido como real: às vezes é preciso também blefar). Evidentemente, uma tal constatação parece fazer supor que a percepção do público teria evoluído desde a época em que, à mudança de direção no quadro, correspondia uma mudança de direção "na realidade", reação sobre a qual se baseia a regra do *raccord* de direção. Nada é tão simples assim. Da mesma forma que em *Ivan, o Terrível* existem falsos *raccords* de posição, que desempenham um papel estrutural (e que, portanto, não "incomodam"), paralelamente a outros que, ao contrário, incomodam bastante, este tipo de falso *raccord* só é "válido" quando, desta confusão de direções, nasce o que se pode chamar de estrutura. Na brilhante seqüência da ninfomaníaca, em *A Noite*, Antonioni nos mostra, em primeiro plano, uma porta que se fecha sob o efeito de um pontapé da moça. Mas a lingüeta da fechadura não encaixa e a porta volta a abrir-se, afastando-se da câmera. No plano seguinte, filmado do interior do quarto, a porta (em função do *raccord* de movimento) volta a aproximar-se da câmera. Num certo nível de leitura, esse segundo plano dá a impressão de que a porta fez um movimento de "vaivém"... Mas, mentalmente, reconstitui-se o movimento, já que se conhece bem a trajetória de uma porta mal fechada. Automaticamente, ressentimo-nos do efeito de um movimento contínuo "devolvido" por um movimento descontínuo que dá a esses planos um caráter privilegiado e, na verdade, um dos dois *raccords* mais fortes em torno dos quais a seqüência é articulada. O outro *raccord* é o seguinte: a passagem de um primeiro plano centralizado na moça para um plano americano, descentralizado, violando radicalmente a regra do corte no eixo e provocando assim um "salto" na continuidade da seqüência. É interessante notar o paralelismo existente entre a maneira de medir a elipse, em relação a uma continuidade do tempo "virtual", e esta justaposição mental entre um movimento aparente e um movimento suposto. Não é a primeira correspondência desse tipo que encontramos em nossas análises e nem será a última. São essas correspondências que indicam a coerência fundamental que existe entre os diferentes parâmetros cinematográficos, bem como o caminho pelo qual eles serão organicamente ligados, numa combinação de complexidade insuspeitável hoje em dia.

O efeito de movimentos contrários, ou simplesmente divergentes, montados sucessivamente, mas em objetos diferentes, mudanças de direção em relação a uma virtual direção, oferece ainda, evidentemente, possibilidades de estruturação, apesar de essas possibilidades serem mais pobres, porque não são "dialéticas", do que as que são oferecidas pelos planos de tema comum.

Um outro tipo de *raccord* dinâmico opõe uma imagem

estática, no final do primeiro plano, a uma imagem em movimento, no início do segundo. A alternância, sob a forma de *flashes*, entre planos fixos e carrinhos muito rápidos, processo muito apreciado pelos vanguardistas franceses dos anos vinte, é um exemplo um pouco cru desse tipo de estrutura. Mas a montagem de *Othello*, de Welles, nos revela uma aplicação igualmente satisfatória. Neste caso, um grande número de seqüências é construído em torno de séries de planos do seguinte tipo: o primeiro mostra uma personagem estática mas que se movimenta subitamente antes do final do plano... e, no início do segundo, volta a ficar estática por elipse, sem ter concluído o movimento iniciado no primeiro; ou então, a personagem está concluindo um movimento no início do segundo plano, embora estivesse estática no final do primeiro. Este tipo de *raccord* cria um ritmo especial e manipulável, em função do seu grau de freqüência, seja pela alternância entre essas duas modalidades, seja pela alternância triangular entre os *raccords* contínuos, ou entre os outros tipos de elipse e este. É claro que este tipo de mudança de plano pode estar associado à aproximações plásticas do tipo descrito antes, no segmento dedicado aos "*raccords* estáticos"... No filme de Welles, é o tipo mais freqüente.

Ainda uma vez, esta relação móvel-fixo é igualmente possível entre temas díspares (realizadores como Bardem e Cacoyannis gostam deste gênero de transição). Todavia, nós o consideramos muito simplista, pouco orgânico e muito mecânico, em relação às mudanças de plano que utilizam "a pequena elipse", introduzindo assim um elemento dialético "vertical" junto à oposição "horizontal" do espaço entre os dois planos.

Até aqui, só falamos de um dos vetores do movimento: a direção. Mas há também a velocidade. Na tela, a velocidade aparente varia em razão diretamente proporcional ao tamanho do plano. Se filmarmos um homem que levanta a mão em plano médio e que, em seguida, repete o mesmo gesto, na mesma velocidade e em primeiro plano, veremos que a velocidade do gesto em primeiro plano na tela parecerá (será!) maior do que no plano médio, já que no tempo em que a mão percorreu, em *close*, alguns decímetros apenas da área da tela, no plano médio ela terá percorrido vários metros. Segundo a técnica habitual, que pressupõe esse "grau zero do estilo cinematográfico", do qual já falamos, se está prevista uma mudança de plano com *raccord* de movimento entre dois planos, temos que alterar as velocidades em sentido inverso a fim de fazê-las coincidir na área da tela. Entretanto, é evidente que estamos mais uma vez na presença de um caso de descontinuidade em relação a uma continuidade, o que permite utilizar essas diferenças de velocidade com fins dialéticos ou em benefício dos *raccords* sobre um mesmo tema. Não é difícil imaginar como tal dialética pode integrar-se à dialética das direções. Enfim, no que se refere aos jogos de velocidade entre planos sem elemento de ligação comum, parece-nos que podem ser aplicadas as mesmas observações feitas a respeito do parâmetro "direção".

Aqui, só podemos constatar que a análise feita neste capítulo é muito menos exaustiva e sistemática e muito mais pragmática do que as que foram feitas nos capítulos precedentes. Mas, é preciso também reconhecer que o assunto é infinitamente mais vasto e mais difícil do que os da articulação pura dos *raccords* ou do espaço em *off*. Neste campo, as classificações e até mesmo as descrições são extremamente arduas: é duvidoso que a noção de classificação seja útil agora e, de fato, a análise do fenômeno é de uma tal complexidade que nem nós, estudiosos de cinema, temos os meios para esgotá-la. No momento, as investigações nesse campo devem ser objeto de trabalhos práticos, de filmes. Os cineastas atuais e os próximos, sensíveis a esses problemas, encontrarão formas mais variadas, mais rigorosas e mais ricas de organizar a plasticidade dos *raccords* do que as que foram mencionadas aqui e que, sem dúvida, denunciam a simplicidade um pouco ingênua dos exemplos que achamos por bem escolher. Pelo menos, acreditamos, teremos o mérito de ter iniciado as discussões a respeito.

II. DIALÉTICAS

4. O REPERTÓRIO DAS ESTRUTURAS SIMPLES

Na primeira parte deste livro, referimo-nos, várias vezes, a uma noção dialética de forma cinematográfica. Insistimos, uma vez mais, que se trata menos do processo especificamente hegeliano do que de uma noção que deriva, acima de tudo, e talvez um pouco abusivamente, da música dodecafônica, do que Jean Barraqué, partindo de Webern, chama de a *dialética musical*: a organização dos diferentes *parâmetros musicais* em relação uns aos outros (durações de som, timbres e mesmo silêncios) e, ao mesmo tempo, no interior do "espaço musical". Ora, como vimos, existem, de um modo semelhante, parâmetros cinematográficos. Até aqui, examinamos os mais importantes dentre aqueles relativos à *decupagem*. A própria natureza desses parâmetros sugere-nos as diretrizes da sua organização dialética (caraterísticas espaciais e temporais dos *raccords*, relações entre os dois espaços, relações plásticas dos planos entre si). Citemos de passagem os outros parâmetros da decupagem que cabem numa organização deste tipo: tamanho dos planos, ângulo e altura da câmera, direção e velocidade (consideradas no interior do plano) dos movimentos da câmera e das personagens. Além, é claro, da *duração do plano*... Mas, com isto, abordamos um problema fundamental, uma vez que a sua análise estabelece, definitivamente, os limites de seu paralelismo com a música dodecafônica. Pois, se existem de fato analogias de ordem geral entre as dialéticas da música serial e as do cinema, estas últimas diferem fundamentalmente das primeiras, pois jamais poderão, como aquelas, exprimir-se (redigir-se) em expressões puramente matemáticas. E, no entanto, há um parâmetro cinematográfico que poderia com certeza ser reduzido a termos matemáticos; trata-se da duração absoluta dos planos, expressa em segundos e em imagens. Chegou-se mesmo a sugerir que essas durações fossem transformadas em séries. Entretanto, a experiência do dia-a-dia do cineasta (e as tentativas de organizar as durações dos planos como tal, independentemente de seu conteúdo) tem mostrado que a percepção da duração de um determinado plano está condicionada à sua *legibilidade*. A duração aparente é, *grosso modo*, uma função direta da legibilidade: um primeiro plano simples de dois segundos parecerá mais longo do que um plano de conjunto cheio de gente[1], e, com a tela branca ou escura, mais longo ainda. Por isso, a organização das durações *perceptíveis* é afinal tão complexa e necessariamente tão empírica quanto a das elipses; por isso também, este ou aquele motivo rítmico, medido simplesmente em segundos e em imagens, nunca será percebido como o seu homólogo sonoro, a não ser que consista numa simples alternância de imagens brancas e pretas. Construído com imagens tão pouco complexas, um tal motivo permanecerá como mera visão do espírito, imperceptível enquanto estrutura coerente.

1. Que não é, evidentemente, a única fonte de ilegibilidade: esta pode ter origem na pouca clareza da composição (reflexos), na imprecisão intencional da fotografia, num comportamento sonoro que distraia... ou até mesmo no formato da tela (ver mais adiante nossos comentários sobre *Marienbad*).

O problema de organizar *apesar de tudo* este fenômeno *duração-legibilidade* foi abordado por todos os grandes realizadores, cada um a seu modo, mas, talvez Resnais tenha sido o que mais conscientemente se preocupou. Foi sobretudo ele o primeiro a compreender que o formato "cinemascope", ao invés de limitar a decupagem a planos relativamente longos (em função de um problema maior de leitura), amplia consideravelmente a gama das relações duração-legibilidade e, em *Marienbad*, deliberadamente alterna planos muito longos com outros muito curtos – *flashes* de algumas imagens. De um modo geral, Resnais é um dos raros autores (além de L'Herbier, Eisenstein e, principalmente, Gregory Markopoulos)[2] a ter compreendido que a relação duração-legibilidade é, em si mesma, uma dialética: que não se trata apenas de encontrar a duração adequada à legibilidade de cada plano, mas de jogar com os graus de dificuldade ou de facilidade de leitura, tornando alguns planos muito curtos para serem lidos "confortavelmente" (desconforto da frustração) ou tão longos que podem ser lidos e relidos até a saturação (desconforto do "tédio")[3]. São estes os pólos (ou melhor, os "vetores") da verdadeira dialética das durações, capaz de criar um visual rítmico tão rico, afinal, quanto o da música atual.

Além dos parâmetros relativos à decupagem, existem outros com pontencial dialético que, em virtude do seu caráter claramente dicotômico, podem, acreditamos, ser inventariados de maneira mais ou menos exaustiva.

2. A grande inovação de Markopoulos consiste na alternância entre planos insuportavelmente longos e *flashes* de uma única imagem. Nos mais belos momentos de filmes como *Twice a Man* e *Himself as Herself*, ele utiliza "injeções", por meio de *flash*, de uma única imagem em primeiro plano que são apenas detalhes do longo conjunto em que estão inseridos. É um processo rico em possibilidades, mas que ainda não foi explorado como merece.

3. A obra-prima de Walerian Borowczyk, *Goto, l'ile d'amour*, revela uma materialização provisória deste conceito, além do exemplo de uma "dialética complexa" (ver Cap. 5). Se tivesse sido lançado mais cedo, teria constituído a terceira parte do estudo dedicado ao detalhamento dessa noção.

Há, em primeiro lugar, os parâmetros fotográficos, sendo os mais importantes os parâmetros de "difusão" e de "definição", bem como seu corolário – a extensão da profundidade de campo. Já falamos da intervenção desses parâmetros na organização de *Boule de suif*, de M. Romm. Mas, os primeiros cineastas a explorá-los de modo sistemático foram os chamados "impressionistas franceses" (Dulac, Epstein, Gance e L'Herbier), a quem preferimos chamar de *première vague*. Sua preocupação com a oposição entre o "definido" e o "difuso" levou-os a reduzir artificialmente a grande profundidade de campo que as aberturas de diafragma então utilizadas lhes impunham, graças a difusores ou a placas de vidro cobertas de vaselina, ou mesmo a introduzir, por este meio, o "difuso" num plano de profundidade que antes era definido (ver a primeira seqüência de *Eldorado*, em que Eve Francis, sentada num banco, diante da câmera, no centro de uma fila de moças, aparece visivelmente "difusa", enquanto todas as outras estão perfeitamente definidas). Estavam também preocupados com a passagem da "difusão" à "definição" através do deslocamento de personagens em profundidade, efeito que iria ser intensamente explorado por quase todos os russos da grande fase, sobretudo Eisenstein, Dovjenko, Romm e Barnet.

No Japão, também Ozu preocupou-se com a difusão e a definição, e *O Filho Único* contém uma série de planos que, sob esse aspecto, são surpreendentes: vemos inicialmente duas personagens sentadas frente à frente (perfis voltados para a câmera). Um travesseiro em primeiro plano está "difuso", enquanto que as personagens em segundo plano estão definidas; a conversação contínua, e vemos sucessivamente as duas personagens de frente, em campo e contracampo, para depois voltarmos ao eixo inicial. Mas, dessa vez, é o travesseiro que fica definido, enquanto que as personagens se tornam duas "manchas difusas". Esta estrutura simétrica, por mais simples e isolada que seja, demonstra um cuidado que, desde já, podemos qualificar de "dialético". Essa mesma estrutura pode ser encontrada várias vezes em toda a obra de Ozu entre 1927 e 1947. O cuidado com as relações entre a "difusão" e a "definição" está presente na obra de muitos grandes cineastas atuais como

Antonioni, Resnais e, principalmente, Bresson, que enfatiza diversas vezes a oposição entre esses dois parâmetros, com uma finalidade meramente composicional ou, mais raramente, estrutural, através da associação entre as entradas e saídas e os quadros vazios.

Os outros parâmetros "fotográficos" (para o preto & branco) referem-se aos valores luminosos propriamente ditos: o contraste e a tonalidade (ou "brilho", como se diz em televisão). Não é raro que uma mistura de "estilos" fotográficos seja sistematicamente utilizada na feitura de um filme, quase sempre em conjunção com uma alternância narrativa entre interiores e exteriores (por exemplo, *Ano Passado em Marienbad* e também outros filmes comerciais como *Divorzio all Italiana* (*Divórcio à Italiana*); entre presente e passado, *Hiroshima, meu Amor*; entre sonho e realidade, verão e inverno etc. O primeiro filme de Josef von Sternberg, *The Salvation Hunters*, é dividido em três partes (exterior, interior, exterior), cada uma delas associada a um estilo fotográfico extremamente característico. Todavia, não é insensato pensar que tais alternâncias (ou gradações) de contraste e de tonalidade possam também ser erigidas em estruturas autônomas, sem sincronia com as estruturas narrativas, estabelecendo assim um tipo de dialética complexa ao nível do plano e da mudança de plano. Na verdade, o que parece não ter sido feito na fotografia em preto & branco, ou na fotografia em cores[4], foi muito bem resolvido na mistura de ambas. As pesquisas referentes à associação, num mesmo filme, de imagens em preto & branco e em cores remontam à época dos primeiros cineastas. Os "primitivos" (sobretudo Méliès) já coloriam seus filmes, ou do início ao fim, ou *apenas em parte*. A obra-prima de Abel Gance, *Napoléon* (*Napoleão*) vai mais longe: por exemplo, a seqüência em que o herói contempla o mar do alto de um rochedo introduz num contexto preto & branco uma série de planos em que cada

4. É óbvio que as oposições e rupturas de estilo em nível de seqüência foram tentadas a cores e de forma mais livre do que em preto & branco (cf. *Deserto Rosso* [*O Dilema de uma Vida*] e *Muriel*, ou *Le temps d'un retour*).

um é tintado diferentemente, produzindo um efeito plástico sensacional. Essas pesquisas foram um pouco abandonadas desde o advento dos processos de filmagem a cores[5], e retomadas há uns quinze anos por jovens cineastas. Em *Nuit et brouillard*, Resnais utiliza uma alternância cor x preto & branco, apesar de condicionada a uma outra: planos "no passado" x planos "no presente". Tanto quanto se saiba, uma das primeiras tentativas sérias de construir estruturas em torno desses dois pólos, estruturas independentes das estruturas narrativas, mas ligadas a elas através de um jogo dialético, foi *Exemple: étretat*, curta-metragem de Monique Lepeuve, jovem cineasta francesa, cujos filmes experimentais abordam, quase todos, problemas fundamentais de forma ou linguagem. Neste filme, imagens em preto & branco, imagens monocromáticas em todos os tons e imagens policromáticas, em que cada cor é dominante ou então sem cor dominante, enfim, com todos os aspectos da cor no sentido lato, alternam, em uma rápida sucessão[6], tomadas de cenas diretas e imagens de cartões postais antigos, numa montagem de grande complexidade rítmica. Por fim, um comentário, meio-falado, meio-cantado (e, apenas uma vez, assobiado), que parece afastar-se e aproximar-se da câmera, alternadamente, serve para completar a organização de um filme que, por mais curto e modesto que seja, representa, entretanto, um passo importante no conceito de dialética complexa, em oposição às dialéticas simples que estamos analisando.

Antes de abordar um terceiro tipo de dialética, demoremo-nos um instante sobre um tipo especial de oposição cor x preto & branco, que ilustra um método de aplicação mais generalizado, o qual pode desempenhar um importante

5. Deixamos de falar aqui das alternâncias puramente anedóticas como as que encontramos em *A Matter of Life and Death* (*Neste Mundo e no Outro*) e *Bom-Dia Tristeza*.

6. Experiências semelhantes mas menos rigorosas foram feitas em longa-metragem por Paul Vecchiali (*Les ruses du diable*), Guy Gilles (*L'amour à la mer*), Conrad Rooks (*Chappaqua*) e, principalmente, pela grande Chytilova em seu *Sedmikrasky* (*Les petites Marguerites*).

papel dentro de uma estrutura dialética: consiste em *privilegiar* um dos pólos de um parâmetro, utilizando-o de modo raro ou único. Trata-se de um outro conceito, que apresenta semelhança óbvia com o método empregado na música dodecafônica a partir de Webern, e que consiste em destacar uma nota ou um registro de forma análoga. Alguns cineastas, ao invés de alternar sistematicamente a cor e o preto & branco no decorrer de um filme (seja ao nível de plano, seja ao nível de seqüência), introduzem num contexto totalmente em preto & branco uma seqüência ou mesmo um único plano em cores. É o caso de Agnès Varda (seqüência antes dos créditos de *Cléo de 5 às 7*) e de Marcel Hanoun (a seqüência das corridas de cavalo em *Le huitième jour*). O uso mais surpreendente desse método é o de Kurosawa em *Céu e Inferno*, quando apenas dois planos surgem, de repente, para mostrar ostensivamente uma coluna de fumaça vermelha necessária ao desenrolar da história. A presença desta coluna, por sua gratuidade, marca o início da terceira parte do filme, tratada num estilo muito diferente das duas partes anteriores. Nessa terceira parte, organiza-se em Tóquio a caçada ao homem que conseguirá prender o raptor.

Por fim, é evidente que, contrapondo-se a esses parâmetros "fotográficos", existe todo um jogo de parâmetros sonoros que podem referir-se (como já o fizeram) a organizações dialéticas tão importantes, que preferimos tratá-las à parte.

Abordemos agora um terceiro tipo de dialética codificável (ainda que nossas pretensões "enciclopédicas" sejam aqui contestadas). Trata-se do que chamaremos mais adiante de *dialéticas orgânicas*. Dentre essas, a mais simples é, evidentemente, a oposição entre imagem e ausência de imagem (que tem como contraponto a oposição entre presença e ausência de som, utilizada por Godard em *Duas ou Três Coisas que Eu Sei Dela*). Neste caso específico, lidamos com um tipo de dialética diferente dos que já foram vistos até agora, uma vez que esta dialética se reduz a seus dois pólos, limitando-se a uma simples alternância, pois, por mais ilegível que seja, uma imagem é sempre uma imagem. No pólo "ausência de imagem" ocorre uma espécie de subdialética de gradações, isto é, todas as variações possíveis entre a tela branca e a tela preta estão presentes. Tradicionalmente, a ausência de imagem é mera pontuação e "significa" passagem de tempo, tanto quanto a fusão. Teóricos acadêmicos tentaram estabelecer que a fusão sugere um lapso de tempo mais curto do que o fundo preto com fusões, mas este é um ponto de vista, ou melhor, a vontade de atribuir um valor inerente, orgânico, a uma convenção perfeitamente arbitrária. Cineastas como Dovjenko, Melville e sobretudo Bresson, apesar de continuarem a utilizar a tela preta como pontuação, apreenderam completamente o valor estrutural desse "preto" em oposição à fusão, cujo valor, na essência, é mais plástico. No entanto, foram principalmente os jovens cineastas do cinema *underground* americano que tentaram utilizar de fato a presença e/ou a ausência de imagem como pólos de igual valor, organizando filmes em função disso. Stan Brakhage (em *Reflexions on Black*) e Bruce Conner (em *A Movie*) – deixando de lado, propositalmente, a extravagância "esquerdizante" de Peter Kubelka – utilizam longas passagens de tela preta que já não são mais simples pontuações. Referimo-nos principalmente a *Blond Cobra*, de Ken Jacobs, filme bastante inconseqüente aliás, em que ele utiliza longas seqüências com a tela quase que totalmente preta (depois de uma das personagens ter tapado a objetiva), enquanto a voz do inenarravél Jack Smith conta histórias "enormes". À medida que o filme avança, a "ameaça" da tela preta se faz sentir de modo mais perceptível, cada vez que uma personagem se aproxima da câmera (e os autores não se cansam de fazê-lo, já que o filme foi rodado numa espécie de quarto de empregada e a uma distância muito curta). É esta ameaça que torna interessante esta dialética simplista, cuja atração é mais teórica do que estética.

Torna-se necessário, a esta altura, falar de duas "tríades" que podem, à primeira vista, parecer fundamentais nesse exame das dialéticas: o recuo e o avanço da câmera em relação à imagem, articulando-se em torno da imagem fixa, com a câmera acelerada e a câmera lenta quase na velocidade normal, cada uma dessas tríades dando lugar a duas possibilidades dialéticas. Sabe-se que Jean Epstein, em seus últimos artigos teóricos, elaborou uma espécie de filosofia estética do cinema a partir desses parâmetros, considerados por ele como os próprios fundamentos da nossa arte. Isso o conduziu a inúmeras intuições bastante atuais (especialmente sobre a noção de descontinuidade), mas, do nosso ponto de vista, suas teorias estão muito longe da prática. Além da sua utilização anedótica (o lado "burlesco" da câmera acelerada e o "poético" da câmera lenta), foram feitas poucas tentativas sérias de utilizar estruturalmente esses conjuntos de parâmetros (sempre com a conotação habitual). Podemos citar apenas alguns filmes experimentais ou então, *Zéro de conduite* (*Zero em Comportamento*), de Jean Vigo. Na verdade (e apesar de certas utilizações privilegiadas e não-anedóticas de Kurosawa), acreditamos que esses efeitos sejam por demais carregados de "expressividade", de "magia" (um pouco como os efeitos das lentes deformantes), para se libertar da "armadura" do roteiro e somente nesse nível podem ser abordados estruturalmente[7].

Por outro lado, a oposição polarizada entre a imagem em movimento e a imagem congelada foi muito explorada há alguns anos, numa ótica que também se pode chamar de dialética. Chris Marker fez *La Jetée* inteiramente em imagens fixas (apesar de, neste caso, tratar-se de uma outra coisa: fotografias utilizadas como material fílmico – ver mais adiante) nas quais o movimento interior da imagem é radicalmente privilegiado (um único plano, no qual uma jovem abre os olhos). Truffaut em *Jules et Jim* (*Uma Mulher para Dois*) e quase todos os jovens diretores ingleses, utilizam a imagem fixa como uma espécie de pontuação ou *gag*, com resultados bastante desiguais.

Todavia, uma outra dialética orgânica revelou-se relativamente rica em possibilidade: é a que opõe as tomadas de cena diretas à animação. O grande inventor desse processo

7. Entretanto, no que se refere ao *flashback*, André Hodeir propõe uma utilização estrutural fascinante: a introdução, num filme, de seqüências cujas imagens, projetadas inicialmente para a frente e, em seguida, para trás, teriam um sentido coerente mas totalmente diferente, por intermédio talvez da inclusão de uma nova pista sonora.

foi também o maior pioneiro da animação, Emile Cohl. Suas seqüências animadas eram freqüentemente emolduradas por *sketches* representados e ele costumava, além disso, integrar personagens vivas a esses surpreendentes jogos de metamorfose.

Este princípio foi retomado por Walt Disney com o sentido que se conhece (*Saludos Amigos* [*Alô Amigos*] e outros), e mais recentemente , animadores americanos e tchecos retomaram-no num sentido mais moderno, manifestamente estrutural. É sobretudo o caso de Karel Zeman, cuja obra-prima *L'invention diabolique* apresenta uma combinação contínua e extremamente variada das duas técnicas. Foi talvez a primeira vez em que se passou de um plano aproximado de uma cena "real" para um plano geral da mesma cena, numa animação *que se reconhecia como tal* (é preciso não confundir com os truques de *King Kong*, por exemplo, que visavam criar a ilusão de uma continuidade de materiais). Zeman continuou a explorar esta combinação de técnicas em seus longas-metragens posteriores, mas nunca mais conseguiu manter o rigor formal nem o tom poético do primeiro. Todavia, acreditamos ser esse um domínio ainda rico em possibilidades, desde que se abandone o caminho do pastiche gráfico.

Excetuando-se exemplos isolados como, por exemplo, a obra de Cohl, esta noção de dialética orgânica é relativamente recente, sendo a unidade de materiais e de estilos uma regra quase que universalmente respeitada (à semelhança das artes tradicionais) até o advento da televisão. Esta é, aliás, ao nosso ver, a maior contribuição desse meio de comunicação: quebrando as barreiras entre os diferentes gêneros e, principalmente, por força das situações, misturando o "filmado" e o "direto", a televisão estimulou a criação de novas formas e novas estruturas, baseadas justamente na mistura de gêneros e de materiais que lhes são inerentes e, eventualmente, nas múltiplas dialéticas que podem resultar dessas combinações. Na França, um dos autores que melhor expressaram essas possibilidades é André S. Labarthe, co-produtor, juntamente com Janine Bazin, e principal artesão da série *Cinéastes de notre temps*. Em muitos desses programas (Gance, Godard, Leenhardt), Labarthe esforçou-se por estruturar as rupturas de tom e de estilo implícitas na utilização alternada de entrevistas filmadas e de documentos "em bruto" e de citações de obras. Assim fazendo, ele procurava uma forma-ensaio descontínua em relação à continuidade às vezes tão monótona do documentário clássico e uma analogia, acreditamos, com a escrita descontínua da música contemporânea. O programa sobre Godard utiliza um tipo de dialética que opõe rupturas de estilo e de materiais evidentes com transições imperceptíveis "de efeito retardado", jogando com as ambigüidades que podiam existir entre o estilo falsamente improvisado dos filmes de Godard e o estilo "direto" das entrevistas (Godard dialoga com Labarthe num carro, enquanto que as ruas que desfilam por trás do pára-brisa – num *cutaway* – são as de *Alphaville*). No cinema propriamente dito, foi Godard quem explorou mais sistematicamente as misturas de estilos e materiais e muitos de seus filmes tiraram daí uma parte estrutural essencial. A "armadura" extremamente simples de *Vivre sa vie* (*Viver a Vida*) – seqüências separadas por intertítulos, o que constitui uma combinação original de materiais, em se tratando de cinema falado – foi animada por oposições de estilo (entrevistas verdadeiras e falsas, falsos documentários com comentários em *off*, um falso estilo de jornal de atualidades etc.). Menos simplista do ponto de vista formal, *Uma Mulher Casada* utiliza uma "injeção" pontual (e numerada) de seqüências de verdadeiro(?) cinema-direto num contexto representado e atinge por vezes um tal nível de abstração que constitui um material à parte, sendo todo pontuado por cartazes publicitários. O resultado é uma grande "colagem" no tempo, na qual essas rupturas pretendem desempenhar o papel de orquestradoras. Entretanto, o movimento do filme nem sempre é muito seguro e os comediantes não foram bem escolhidos em função desse duplo papel que lhes cabia assumir. Mas, esta técnica de colagem foi muito bem utilizada em *Pierrot le fou* (*O Demônio das Onze Horas*), onde se associa a uma "armadura" narrativa mais rigorosa (ela própria comporta uma dialética entre "ação" e "história" que estudaremos posteriormente). Neste caso, cada seqüência, sem ser necessária uma compartimentação tão acentuada quanto em

Viver a Vida ou *Uma Mulher Casada*, torna clara essa estrutura por meios nitidamente diferentes, geralmente através da referência explícita a um gênero particular (comédia musical, filme de gângster, entrevista de televisão, teatro de bulevar, desenho animado, teatro de revista etc.). Esta alternância fornece não apenas uma das estruturas essenciais do filme, mas também um dos seus temas.

Todavia, se Godard emprega toda uma gama de relações entre a câmera e suas personagens, é muito raro que ele os filme sem saber ou sem que tenham sido avisados (a única utilização dessa técnica que conhecemos na sua obra é em seu segundo filme, *Une femme est une femme* [*Uma Mulher é uma Mulher*]). Na verdade, "Godard não faz filmes improvisados", diz Susan Sontag, "mas ele gosta de dar-lhes uma *aparência* de improvisação". Agnès Varda, por sua vez, dá em *Opéra Mouffe* um exemplo quase único de dialética rigorosa, opondo tomadas de cena "ao vivo" a outras, "ensaiadas". A ligação entre elas é feita por algumas tomadas de cena nitidamente "ensaiadas" mas que parecem ter sido feitas "ao vivo". A compartimentação rígida das seqüências e, principalmente, as grandes variações de duração entre elas compõem a estrutura central em torno da qual se organiza essa outra dialética. E a "coloração" dessa dialética entre o "ao vivo" e o "ensaio" se enriquece na medida em que vai ao encontro de uma "gama de expressão" que se estende do "realismo bruto" (imagens filmadas ao vivo) a um "irrealismo" francamente poetizado (imagens criadas), passando por uma espécie de "fantástico social" deliciosamente ambíguo (imagens ensaiadas com aparência de "ao vivo")[8].

Ao nível do longa-metragem, diferentes tentativas neste sentido foram feitas desde então. Referimo-nos especificamente ao filme de Vilgot Sjöman, *Jag ar Nyfiken* (*Sou Curiosa*), que renova, sob essa ótica, o velho truque do "filme

8. É preciso não esquecer o grande precursor deste tipo de recurso, Dziga Vertov que, em *Chelovek s Kinoapparatom* (*O Homem da Câmera*), utiliza a nova oposição de imagens reais criadas numa concepção surpreendentemente moderna.

dentro do filme", tanto quanto alguns programas de televisão (ver Cap. 10).

Por fim, se Godard utiliza quadros de artistas como pontuação, a exemplo do que ele faz[9] com os cartazes publicitários, não se conhecem outros exemplos em que quadros tenham sido integrados de modo satisfatório a uma dialética de materiais. O mesmo não ocorre com a utilização de fotografias fixas: William Klein, em *Muhammad Ali, the Greatest*, o montador anônimo de *Octobre à Paris* e, principalmente, o talentoso cineasta americano, Peter Emmanuel Goldman, associaram fotos fixas e tomadas de cena de uma mesma imagem com um efeito notável; nos exemplos citados, a passagem de uma imagem para outra sobre o mesmo assunto cria uma visão rítmica e poeticamente inédita.

As dialéticas de estilo, como já vimos, existem inicialmente ao nível do plano e da mudança de plano, embora possam gerar estruturas tanto em relação à seqüência, como em relação ao próprio filme. As dialéticas "fotográficas" podem funcionar, seja entre planos, seja entre seqüências. Quanto às dialéticas "orgânicas", algumas delas tendem a permanecer mais ao nível das seqüências, isto é, acompanham o movimento do *roteiro* (por oposição à decupagem, se quisermos retomar a diferenciação tradicional, pouco compatível com as nossas idéias). Ora, existe um outro tipo de dialética extremamente importante, que permanece intimamente ligada à "armadura" narrativa e, conseqüentemente, à noção de seqüência, exceto quando alguns cineastas da atualidade tentam transformar cada plano numa unidade narrativa, exatamente como se faz com a seqüência. Referimo-nos, evidentemente, à dialética do "tempo narrativo", exatamente como se faz com a organização das grandes elipses (*flash-forwards* ou *flashbacks*), como já vimos no Cap. 1 deste livro. Parece-nos que a noção de dialética a este nível do filme só foi introduzida tardiamente (principal-

9. É preciso ficar claro que, do ponto de vista formal, quando se faz alusão à função estrutural de um parâmetro, não esquecemos que, talvez, ele desempenhe outros papéis dentro desse objeto complexo que é o filme.

mente com os *flashbacks* de *Le jour se lève* [*Trágico Amanhecer*]), pois é a articulação dos *flashbacks* (e, eventualmente, dos *flash-forwards*) em tôrno do eixo de um tempo presente que oferece as possiblidades mais evidentes de estruturação ao nível do tempo narrativo. Apenas recentemente, chegou-se a estruturar organicamente uma simples progressão linear do tempo narrativo, e isto aconteceu graças a complexas dialéticas que serão o tema da segunda parte deste capítulo.

O filme que melhor representa a moderna concepção do *flashback* (isto é, uma narrativa sem cronologia, mas com referência a uma escala virtual de tempo) é *Nicht Versöhnt*, de Jean-Marie Straub. Neste filme, o padrão de tempo é a história moderna da Alemanha, e sua dialética central a maneira pela qual as seqüências avançam ou recuam em relação a esse período. Totalmente diverso e infinitamente mais fecundo é o desenvolvimento de *Marienbad*, em que cada seqüência (ou cada plano-seqüência) refere-se a uma ou a várias outras seqüências num tempo (no sentido gramatical) que pode ser passado, presente ou futuro. Essa dialética da dúvida com diferentes variáveis[10] gera por si só complexas estruturas independentes das estruturas narrativas (variações sobre os temas: a estátua, a mulher na balaustrada) ou de decupagem (organização dos movimentos de câmera, das distâncias focais, das elipses etc.). Mas as dialéticas de tempo são fundamentais demais, além de revelar outros aspectos da dicotomia Forma-Tema, para que possamos apronfundá-las dentro deste inventário das principais dialéticas simples.

Se separarmos as dialéticas de tempo ou se as incluirmos entre as *dialéticas de seqüência*, veremos que estas, que constituem a última grande categoria de estruturas simples, são ao mesmo tempo numerosas e essenciais.

10. Esta dialética havia sido preconizada por Jean Epstein já em 1927, no filme *La glace à trois faces*, no qual ele exercita um dos seus próprios preceitos: "Não existem histórias, nunca houve histórias, há apenas fatos sem pé nem cabeça, sem começo e sem fim".

A maioria dos roteiristas, mesmo os mais comerciais, sabe que mais vale estabelecer entre as sucessivas seqüências um jogo de contrastes, seja de duração, tempo ou tom, ou uma combinação dos três. Todavia, poucos autores de cinema procuram dar uma estrutura *abstrata* a suas obras por intermédio desses parâmetros. No que se refere à duração das seqüências, já citamos o exemplo surpreendente de *Opéra Mouffe* (e, no Cap. 1, *O Vampiro de Düsseldorf*). Mas, o cineasta mais preocupado com esse problema das durações é, sem dúvida, Robert Bresson, sobretudo a partir de *O Diário de um Pároco de Aldeia*. Partindo da predominância de seqüências curtas, esse filme passa progressivamente ao predomínio das seqüências longas (não que as seqüências se prolonguem, mas as seqüências longas tornam-se mais freqüentes). Ao contrário, as seqüências curtas estão associadas à narrativa em *off* e a uma decupagem flexível e coesa, toda em movimentos e reenquadramentos, enquanto que as seqüências longas são faladas em som direto e decupadas principalmente em "campo e contracampo". O *Procès de Jeanne d'Arc*, por outro lado, tem uma estrutura mais linear: antes de mais nada, o que conta, neste caso, são as durações sucessivas das seqüências, tanto quanto dos planos, e até mesmo dos intervalos que separam o início e o fim das réplicas das mudanças de plano ou de seqüência[11]. Todo o ritmo do filme deriva dessas variantes. Nos filmes monocórdios de Bresson, no entanto, a noção de oposição (ou de variação) de *tom* encontra pouco espaço. E se sua utilização no cinema assemelha-se, mais freqüentemente, à alternância entre o burlesco e o melodrama, que encontramos em *Journal d'une femme de chambre* (*Diário de uma Camareira*), um filme da fase americana de Renoir, este mesmo cineasta, anos mais tarde, conseguiu uma extraordinária orquestração de tal parâmetro em *A Regra do Jogo*, que se tornou célebre, precisamente por esta sutil mistura de tons (ou de "gêneros", como se diz).

11. Este parâmetro tem como contraponto os intervalos entre as entradas e saídas de quadro e as mudanças de plano que integram, como já vimos, grande parte da composição bressoniana.

Sob esse ângulo, *Les vacances de M. Hulot* (*As Férias do Sr. Hulot*) é ainda mais importante. Neste caso, o contraste entre uma seqüência e outra, com relação à duração, tempo, tom e enquadramento (interior ou exterior, dia ou noite), é constantemente controlado e dosado, determinando todo o desenvolvimento do filme e mesmo toda a sua beleza. Além da trajetória descontínua das *gags*, tão irreverentes e tão perfeitas, o principal fator "respiratório" é a alternância entre momentos fracos e momentos fortes, entre passagens deliberadamente cheias de ação, "hilariantes" e outras, deliberadamente também, vazias, tediosas, tão "chatas" quanto possível. Quando a amiga da moça bonita lhe mostra a paisagem marinha totalmente deserta que se vê da sua janela e lhe diz: "Às vezes, há pescadores lá embaixo, mas hoje não os vemos", pode-se certamente falar de uma "boa utilização do tédio"; cenas como essa são muito longas e visam criar um sentimento de tédio verdadeiro no espectador. Todavia, este sentimento é tão bem "dosado", que representa no conjunto do filme um papel especificamente rítmico (lembramo-nos, entre outros, dos planos da praia deserta com ruídos de restaurante em *off*, ou dos interlúdios da criança diante do espelho, ou do casal que procura conchas na areia etc.). De toda a história do cinema, este filme, juntamente com *Zero em Comportamento*, foi o que melhor tirou partido da possibilidade de estruturar um filme através das diferentes características de cada seqüência, considerada como célula, como entidade irredutível, independentemente de qualquer dialética, espacial ou temporal.

Só nos resta falar ainda das inúmeras dialéticas que, dificilmente, são classificáveis e que se referem aos diálogos, aos atores, aos cenários, à maquiagem, aos figurinos, enfim, a tudo o que podemos designar como o *conteúdo explícito* das imagens e do som.

Um dos exemplos mais notáveis de utilização deste tipo de estrutura é o filme que insistimos em considerar a obra-prima de Josef von Sternberg e, talvez, um dos maiores filmes da história do cinema: *Der Blaue Engel* (*O Anjo Azul*). Num certo sentido, referimo-nos, aqui, a uma dialética do som, visto que a estrutura em questão joga com a ausência ou a presença do ambiente da sala durante as cenas que se passam nos camarins do teatro. Trata-se, sobretudo, de um jogo de portas que se abrem e se fecham constantemente, graças a uma complexidade maravilhosa; e toda vez é uma situação diferente, dependendo do que a montagem oferece a cada abertura ou fechamento das portas: trechos de música, aplausos ou conversas. Disso resulta uma estrutura de variações de rigor exemplar. Ora uma porta se abre em *off* (mas qual? todas se parecem e o espaço dos camarins é um dos mais perfeitamente abstratos já vistos no cinema, analisável unicamente em função das sucessivas composições), ora é um trecho de música e um plano de uma porta que se fecha. Ora é a porta que se abre na tela, a câmera muda de posição e ouve-se a porta fechar em *off*. Ora as portas se abrem e se fecham na junção dos planos, ora elas se abrem e se fecham sem afetar os sons ambientais (talvez uma outra porta, que não se vê, tenha ficado aberta!). Enfim, o retorno a *O Anjo Azul*, no final do filme, faz uma espécie de recapitulação das estruturas desenvolvidas nas duas primeiras visitas de Jannings, quando na primeira cena, em uma de suas aulas, há uma sutil premonição dessa estrutura. Quando Jannings abre a janela, deixando entrar o som "celestial" de um coro infantil (e será a última vez que ela estará no controle da situação)... essa estrutura integra-se tão perfeitamente à passagem da personagem de um papel ativo para outro, passivo, que esse desenvolvimento serve de base à própria realização do filme (ver Cap. 9).

Em *Marienbad* encontramos a maior variedade de estruturas desse tipo, seja nos diálogos e nos vários incidentes (repetições exatas, repetições com variações, chamamentos, alusões, antecipações etc.), seja por intermédio de elementos do cenário (a progressiva proliferação de móveis e lambris do quarto, bem como o aumento progressivo das suas dimensões).

Um outro tipo de dialética dos cenários está presente em um dos filmes mais apaixonantes de Ichikawa, *Yuki No Jo Henge* (*Por Ordem do Destino*), um filme que utiliza toda a gama de estilizações possíveis, do fundo preto a interiores perfeitamente realistas, passando pela tela pintada e outros recursos de estilo cênico. Numa seqüência de notável ambigüidade (meio sonho, meio realidade), uma espécie de neblina densa e amarelada dissipa-se aos poucos deixando aparecer ao fundo, pintada numa tela, a mesma neblina. O filme, por sinal, utiliza convenções teatrais como, por exemplo, o duplo do herói ou a mistura entre o cômico e o trágico (manifestamente influenciado pelo teatro jacobino) numa ótica dialética bastante rigorosa.

Ao nível dos atores, Alain Robbe-Grillet fez uma interessante tentativa em *Trans-Europ-Express*, opondo seqüências representadas por atores não-profissionais a outras em que apenas os profissionais atuam. Esta é uma estrutura certamente embrionária e coincide de forma um pouco simplista com um aspecto da engrenagem narrativa que, por si só, é também um pouco simplista. Todavia, esse aspecto poderia seguramente prestar-se a desdobramentos mais complexos, uma vez que, no cinema italiano, por exemplo, onde essa mistura de amadores e profissionais é freqüente, tais desdobramentos sempre pareceram anárquicos.

O conjunto da obra cinematográfica de Robbe-Grillet (bem como sua produção literária) apela para estruturas decorrentes de um tipo de itinerário ou viagem. A utilização do percurso Paris-Antuérpia em *Trans-Europ-Express* é dialética, pelo menos no sentido do termo por nós definido, da mesma forma que a dupla trajetória utilizada por Michel Mitrani no filme feito para a televisão e baseado em *Tous ceux qui tombent*, de Samuel Beckett. Neste filme, o itinerário esquemático da ação nos é mostrado num único plano, feito de um helicóptero, antes que a ação propriamente dita seja representada em detalhe no decorrer do filme.

Reservamos para o final deste capítulo a tarefa de definir a noção de estrutura ou de dialética do cinema, pois acreditamos que é graças à sua multiplicidade de formas que a verdadeira natureza do cinema se revela. Seu principal interesse é, talvez, mostrar-nos a convergência fundamental de todos os tipos de pesquisa e experiência que podem, à primeira vista, parecer totalmente estranhos entre si. Vale notar que dissemos "estrutura ou dialética". É que, em cinema, acreditamos tratar-se de uma mesma noção: as estruturas parecem quase sempre apresentar-se sob um aspecto dialético, isto é, sob a forma de um parâmetro que evolui entre um ou vários pares de *pólos* bem definidos.

Mesmo a estrutura-itinerário, internamente menos simples como estrutura individual, comporta dois pólos: partida e chegada (Paris-Antuérpia em *Trans-Europ-Express*). De um modo geral, acreditamos que há uma estrutura quando um parâmetro evolui segundo um esquema que se pode conhecer como tal, seja pelo espectador na sala, seja pelo diretor na sala de montagem, pois, estruturas "que somente são percebidas pelos que as criaram" nem por isso são ineficazes quanto ao resultado estético final. Na verdade, se o exemplo das formas "escondidas" de *Wozzeck*, formas essas que o próprio Berg queria que ficassem imperceptíveis para o ouvinte, serviu de canção para um certo tipo de saber "filisteu", este, para o cinema, é um exemplo não menos significativo. O cinema apresenta ainda mais ligações com a ópera, pelo menos com o tipo de ópera concebido por Berg – do que com a música "pura" à qual nos referimos talvez com maior freqüência (vale ler os artigos de M. Fano sobre *Wozzeck* que tratam desse aspecto).

Além do mais, pareceu-nos recentemente que o que nós chamamos de "estrutura" é apenas uma extensão do velho "feijão com arroz" dos teóricos russos e anglo-saxões dos anos trinta e quarenta, ou seja, o *ritmo*. Tendo dito no início deste capítulo que o ritmo não podia ser reduzido a uma série de durações, como é o caso da música, somos tentados a concluir que ele se compõe da soma de todos os parâmetros enumerados até aqui, isto é, que a sua complexidade é inédita. Então, a tendência (à qual nem sempre resistimos) de atribuir esse fenômeno a uma analogia musical simplista deve ser categoricamente proscrita se quisermos assimilar o cinema em toda a sua verdade.

Além disso, é evidente que uma análise mais profunda iria mostrar que a aplicação dos princípios estruturais revelados em alguma obras-primas não é tão sistemática nem tão rigorosa quanto poderia parecer numa visão de conjunto. O duplo movimento das seqüências curtas e longas (e seus respectivos estilos de decupagem) em *Diário de um Pároco de Aldeia*, de Bresson, não é rigorosamente matemático e comporta vários "desvios" de muitas rupturas. Tais rupturas, interferindo em estruturas elaboradas de forma ainda mais consciente, poderiam gerar outras estruturas.

Mas, nós não conhecemos nenhum exemplo desse gênero, a não ser no filme abordado de Georges Bataille *Le bleu du ciel*, no qual todas as seqüências seguiam um padrão de decupagem muito rígido (campo e contracampo com tamanhos "retrogradados", por exemplo), abandonando em alguns pontos escolhidos de acordo com um esquema que, por si só, consistia numa estrutura muito simples.

Ao final deste capítulo devemos, talvez, lamentar uma certa esquematização, imposta pela diversificação do tema. Todavia, acreditamos que um inventário mais ou menos complexo dessas estruturas simples deveria ser feito antes de abordarmos as complexas dialéticas que daí decorrem. Essas dialéticas devem ser abordadas em análises mais profundas do que aquelas aqui esboçadas.

5. AUSÊNCIA DE DIALÉTICA, DIALÉTICAS COMPLEXAS

O Cap. 4 foi consagrado ao inventário das muitas dialéticas simples passíveis de se detectar na realização de um determinado filme. Porém, antes de proceder-se à análise de alguns exemplos de estruturas complexas, resultantes da combinação mais ou menos deliberada de várias estruturas simples, impõe-se abrir um grande parêntese. Pelo menos uma das conclusões que se pode tirar das análises sumárias contidas no capítulo anterior, a nosso ver, é que qualquer filme contém estruturas "dialéticas", seja pelo grau de contrastes entre as seqüências (por mais tênue que seja), seja pelas interações que residem em seu interior (por mais banais que sejam). Não queremos afirmar com isso que, em muitos filmes, essas "dialéticas" tenham alguma organização, nem ainda que sejam de alguma forma coordenadas entre si. Na maioria das vezes elas existem, simplesmente, em estado bruto, pode-se dizer, como meras alternâncias, não-organizadas. Trata-se, contudo, de embriões de estrutura e agrada-nos confirmar que as idéias desenvolvidas neste livro, sobretudo nossas previsões para o futuro do cinema, não são apenas mera especulação mas, sobretudo, fundamentam-se na prática do próprio cinema.

Todavia, em diferentes momentos da história do cinema, houve filmes que tentaram, às vezes com bastante êxito, abolir qualquer noção de dialética ao nível da escrita, utilizando apenas o que se poderia chamar de dialética da imagem. Uma das mais recentes dessas experiências é o filme de Jean-Daniel Pollet, *Méditerranée*[1], que melhor as sistematiza. Trata-se, como se sabe, de um filme sem ligações, ou seja, uma justaposição de planos que se inter-relacionam, apenas através do *Mare Nostrum*[2], esperando o autor que sua sucessão na tela, a partir de uma ordem determinada, desperte no espectador ressonâncias poéticas e prolongamentos daquele "não sei quê" por ele próprio experimentado, sem dúvida, diante dessas justaposições. Esse comportamento faz-nos lembrar a "montagem por atração", tão ao gosto do jovem Eisenstein, concepção que o mestre renegou posteriormente, aliás, ao compreender que a essência da decupagem residia na oposição dialética entre uma continuidade e uma descontinuidade. Em *Méditerranée* existem elementos de uma dialética, sem dúvida. Paralelamente à seqüência de imagens desenvolvem-se narração e trilha musical. Porém, assim como a justaposição das imagens umas ao lado das outras obedece a uma espécie de empirismo absoluto, a uma espécie de fé cega em que "dali saia alguma

1. Mesmo sem ter sido praticamente exibido em público, este filme foi considerado um marco por críticos literários e cinematográficos radicais na França (particularmente os colaboradores das revistas *Tel Quel* e *Cinéthique*), que o consideraram uma ruptura fundamental com a cinematografia burguesa de ficção. Decidi retomar este exemplo, um tanto polêmico, não tanto por esta característica, mas porque me parece apresentar uma descontinuidade básica que alimentou grande parte da cinematografia européia "de vanguarda" (em particular, *Fata Morgana*, de Wener Herzog). (N. das T.).

2. Denominação dada pelos romanos ao Mar Mediterrâneo, em latim no original. (N. das T.)

coisa", também a inter-relação imagem-texto é igualmente arbitrária, como se o realizador acreditasse que por acaso "o conjunto combine no final". Não há dúvida de que existem correspondências secretas entre as imagens e o texto, ou até mesmo entre as próprias imagens. Tampouco pretendemos desmerecer um filme por ser "obscuro", mas o cinema já ultrapassou há muito o estágio do mero discurso significante (trataremos desse assunto a propósito da questão tema). Mas, para que a relação espaço-tempo, tanto da imagem como do texto, represente algo mais que apenas duas continuidades que se desenrolam lado a lado, como se se ignorassem mutuamente (o que não configura uma estrutura, seja ela dialética ou não), seus pontos de articulação não podem ser nem simplesmente fortuitos (o cinema também já ultrapassou a estética surrealista que privilegiava imagens de "máquinas de costura" e de "guarda-chuvas"), nem indecifráveis, porque a obscuridade, ao nível do significante, não quer dizer ilegibilidade: ousaríamos mesmo dizer que quanto mais oculto for o sentido de uma obra, tão mais aparentes devem ser os princípios de tensão estrutural nela subjacentes. O que falta em *Méditerranée* é justamente essa *tensão* sem a qual nenhuma obra de arte será considerada como tal; faltam as ligações organizadas – parece que apenas se organizou o encontro dos elementos formais, não as modalidades desse encontro. É verdade que se percebe aí uma tentativa de estruturação bastante elaborada quanto à ordenação dos planos, que não são muitos, mas são constantemente repetidos *com durações diferentes*. Conscientemente ou não, reside aí uma tentativa de retomada do grande princípio formal da música dodecafônica, segundo o qual uma obra é integralmente construída a partir das constantes permutações entre um pequeno número de objetos (os doze sons seriais nos diferentes registros, um certo grupo de intervalos, uma determinada gama de timbres etc.), permutações que são sustentadas particularmente pela ordem de seqüência e pela duração dos diferentes elementos.

Uma vez mais, porém, devemos insistir quanto aos limites próprios desses mimetismos: o som musical é um objeto *elementar* e, pelo menos em princípio, só há doze deles. Assim, a natureza restrita do material musical é um fato orgânico: querer limitar igualmente o material fílmico é uma escolha mais do que arbitrária, sobretudo porque a unicidade do som musical permite que ele se combine com outro para formar uma nova entidade, dotada, com relação a seus componentes, de uma autonomia bem maior do que dois planos escolhidos meio ao acaso e que se colam lado a lado (apesar dos fundamentos(?) teóricos de Koulechov). Ora, dois sons que se sucedem têm sempre entre si uma ligação *vertical* (porque o ouvido os situa na escala cromática) e uma ligação *horizontal*. Essa dualidade, aliás, constitui apenas um dos aspectos dialéticos do discurso musical: com efeito, os parâmetros musicais são tão sobrepostos que se podem obter desdobramentos extremamente ricos a partir de um material muito simples, enquanto que, no cinema, a limitação do material restringe obrigatoriamente seus desdobramentos. As imagens de *Méditerranée* ligam-se apenas horizontalmente, na duração: são mais ou menos longas, mais ou menos curtas, reaparecendo com mais ou menos freqüência. Mas como são deliberadamente escolhidas por sua natureza desarmônica, não têm nenhuma ligação vertical, pois no cinema a verticalidade reside, entre outros, na articulação espaço-tempo de um plano para outro e na plástica da montagem. Daí essa falta de tensão, essa impressão de um andamento átono que se tem ao assistir *Méditerranée*, apesar da beleza de certas imagens, da narração e mesmo da música, se tomadas separadamente.

Pode parecer estranho que nos tenhamos detido tanto em um filme cujo ritmo nos parece errado. Mas esse erro representa um ensinamento capital: o cinema não pode prescindir de uma respiração dialética ao nível da narrativa[3]; uma simples alternância linear de imagens desarmônicas não basta para se criar um filme. Aliás, parece que Pollet chegou a uma conclusão parecida, a julgar por um de seus filmes seguintes, *Le horla*[4], baseado em um conto de Maupassant.

3. Encontrada em quase todo filme comercial, no estágio embrionário que mencionamos.

4. Erro: Pollet considera este filme retrógrado, da mesma forma como o interessante *Tu imagines Robinson*.

Ele retoma nesse filme o princípio do material reduzido ao mínimo e de imagens repetidas com durações constantementes variadas, mas o jogo das permutações, porém, processa-se de acordo com outra continuidade, a de um texto em *off* que estabelece uma espécie de padrão temporal: cada imagem pode ser mais ou menos situada em função do tempo da narração, o que traz a noção de elipse, logo, de ligação. Essas transições criam, quase automaticamente, tensões e ritmos que englobam e ligam em uma só estrutura todos os elementos do filme. Quando repetido, o plano da personagem que percorre um corredor parece ser, ao mesmo tempo, o mesmo e um outro, devido à sua nova situação no tempo do discurso. Em *Méditerranée*, por outro lado, parecia ser sempre o mesmo plano visto e revisto *ad nauseam* (porque no texto de Sollers não havia Tempo); as variações de duração dos planos pareciam apenas um exercício intelectual do realizador; em *Le horla*, as repetições fazem o filme avançar, reforçando sua unidade; em *Méditerranée*, elas fazem o filme marcar passo e fragmentar-se. Isso não quer dizer que apenas a narrativa convencional proporcione uma estrutura válida. Em *Le horla*, o espectador sente-se desconcertado pelo contraste entre a narrativa convencional do texto (Maupassant) e a ousadia da narrativa visual. Podemos facilmente imaginar outros tipos de ligação entre, por exemplo, texto e imagem, mas é preciso que sejam, obrigatoriamente, ligações *temporais*. Ora, o que conta em *Le horla*, é que essas ligações existem em uma perspectiva organicamente estrutural; os componentes do filme não são simplesmente justapostos lado a lado e de uma ponta a outra, na errônea convicção de que a justaposição de vários elementos "belos" seria mais bela do que esses elementos separadamente... princípio, a nosso ver, subjacente em *Méditerranée*[5].

Essa separação radical do texto e da imagem é um princípio dialético que encontrou muitas aplicações no ci-

5. E em muitos outros filmes na história do cinema. Que Pollet nos perdoe tê-lo tomado como exemplo: seu filme é a mais sistemática aplicação de um princípio que fascinou um grande número de experimentalistas, de Germaine Dulac a Stan Brakhage.

nema. Em *Festim Diabólico*, Hitchcock serve-se dela para criar um suspense particularmente tenso, quando a câmera se detém demoradamente na empregada que metodicamente arruma a arca em que se escondia o cadáver, enquanto se desenrola em *off* uma longa conversa a várias vozes, muito pertinente ao drama, mas sem nenhuma ligação com a imagem.

A seqüência do Instituto de Semântica em *Alphaville* segue o mesmo princípio, e aqui a riqueza e divergência dos dois elementos (discurso de Alpha em *off* e jogos de luzes no escuro) são de tal ordem, que é preciso rever o filme várias vezes para se chegar à síntese dos dois componentes da cena. Jerzy Skolimowski utiliza esse mesmo procedimento de uma maneira bem mais sistemática, seus dois primeiros filmes baseam-se quase inteiramente na desorientação pontual que esse tipo de divergência pode provocar. Mas há um filme cuja estrutura é totalmente montada a partir da dissociação total entre som e imagem, e mesmo se tratando de um caso quase único, seu resultado é tão surpreendente que deve ser tomado como modelo e analisado em profundidade: trata-se da obra-prima de Michelangelo Antonioni, *Crimes d'Alma*.

Este filme assume o preconceito (no sentido nobre do termo) de subtrair da imagem toda função narrativa. Do ponto de vista da trama, ***não acontece absolutamente nada na tela***. Entretanto, se não se trata de um filme de ação, não se pode tampouco dizer que seja um filme "sem história", pois a narrativa conduz a duas mortes violentas (uma das quais um homicídio por "omissão"), maquinações para um segundo homicídio e, mesmo, uma investigação policial: Clara e Guido deixaram a noiva deste último morrer (porque ela atrapalhava seu caso de amor), nada fazendo para impedir sua queda num poço de elevador. Esta morte, porém, os separou. Alguns anos depois, o rico industrial milanês, que Clara desposou por ser rico, apreensivo quanto ao passado de sua mulher, contrata uma agência de detetives particulares para investigá-lo. Esta investigação acaba indiretamente aproximando Guido e Clara. Seu amor reacende e os dois logo começam a arquitetar a morte do marido. O detetive descobre que eles se reencontraram, informando esse fato ao marido que, desnorteado, se mata ao volante de seu carro, alguns quilômetros antes da ponte onde Guido o esperava para matá-lo. Uma vez mais, uma morte que ambos desejavam, e da qual não podem ser acusados, separa os dois amantes.

A forma simétrica dessa narrativa poderia facilmente dar lugar a um melodrama de coincidências no pior estilo hollywoodiano (o pastiche que Bardem fez sobre o mesmo assunto é a prova disso). Ao invés, Antonioni, partindo desses elementos, construiu um dos filmes mais perfeita e *exaustivamente* elaborados da história do cinema, através da dissociação do texto e da imagem a que aludimos.

Durante os anos dourados do teatro filmado (os anos trinta), eram comuns os filmes onde nada de essencial acontecia com a imagem, onde tudo acontecia com as palavras, filmes que seriam totalmente incompreensíveis sem o som. Era uma espécie de volta do pêndulo, se podemos falar assim, já que no apogeu do cinema mudo, o máximo era contar histórias só com imagens, reduzindo-se os inter-títulos ao mínimo indispensável. Mas os temas desses filmes falados – e como se falava! –, dramas intimistas, comédias de costumes eram perfeitamente adaptáveis a essa forma de teatro de costumes filmado: toda a "ação" podia desenrolar-se em quartos ou salas, porque a ação era a palavra; o microfone e a câmera (esta, ao mínimo: suprima-se a imagem e ainda se compreenderá o filme) eram os *veículos narrativos* (v. nossas observações a propósito do "grau zero" do estilo cinematográfico no Cap. 1). Ainda recentemente, Carl Dreyer realizou um filme estranhamente longo, de um anacronismo patente, mas de uma surpreendente e misteriosa beleza, retomando essa estética, a partir de uma peça "burguesa" do final do século passado: *Gertrud*.

Em *Crimes d'Alma*, porém, a história é totalmente outra; a palavra não é ação, e sim o veículo narrativo de quase toda a ação propriamente dita, seja da que já ocorreu ou da que vai (talvez) ainda ocorrer. Uma das estruturas essenciais do filme é essa dialética entre a narrativa que vemos projetada na tela e a ação passada (ou futura) à qual essa narrativa se refere.

No começo do filme, o dono da agência *conta* a um de seus detetives as suspeitas do marido; depois, diferentes testemunhas *contam* ao detetive a infância e a adolescência de Clara; uma velha amiga dos amantes *conta* a Guido (por carta) a visita do detetive; Guido *conta* a Clara o que a amiga deles lhe contou etc. O filme consiste essencialmente em uma longa seqüência de fatos relatados e de intenções reveladas verbalmente e as raras seqüências em que a palavra se torna efetivamente ação, como no teatro filmado do passado, são no filme extremos privilegiados (as cenas de violência – disputas – ou de erotismo).

De qualquer forma, seja a palavra veículo narrativo ou ação, em ambos os casos esse tratamento *confere total autonomia à câmera*. Em vez de tentar recriar o espaço do teatro, como fizeram os americanos nos anos trinta, em vez de tentar cercar por todos os lados, com o máximo de discrição, o jogo das personagens, como Dreyer fez em *Gertrud*, em vez de executar arabescos inteiramente gratuitos em torno de uma encenação teatral perfeitamente banal, como Robert Aldrich fez em *The Big Knife* (*A Grande Chantagem*), Antonioni compôs, entre suas personagens, que falam, e a câmera, que os vê falar, um tipo de relação que podemos melhor qualificar como *balé*, de uma riqueza e de um rigor sem precedentes. No Cap. 2, mostramos como se organizam internamente os longuíssimos planos que compõem esse filme, a maneira como são ritmados pelas entradas e saídas de campo, como as flutuações do espaço evocado em *off* são determinadas pelos olhares de fora do quadro etc. Mas o que importa observar é que, ao contrário de *Gertrud*, por exemplo, os movimentos de câmera nunca seguem humildemente os deslocamentos "naturais" dos atores, nem giram em torno desses deslocamentos em arabescos febris e arbitrários, como acontece muitas vezes na obra de Max Ophuls ou de Alexandre Astruc. Antes o modo como câmera e personagem se movimentam obedece a um mesmo estilo, um determinando o outro, donde nossa comparação coreográfica: a cada momento, a câmera executa passos como se fossem de dança, tendo como parceiras as personagens *e suas sombras*, pois a admirável iluminação de Di Venanzo e a cenografia de Piero Filippone foram concebidas com o objetivo de evidenciar uma só sombra, relativamente escura, por personagem, a imagem permanecendo, por outro lado, bem pouco contrastada. Esse balé não se executa, evidentemente, entre a câmera propriamente dita e as personagens, mas entre estas últimas e a extensão da câmera no espaço, isto é, o quadro. O desenvolvimento dinâmico do balé depende da constante renovação da imagem através de todos os procedimentos imagináveis, reenquadramento, utilização de figurantes e, acima de tudo, das mudanças de distância focal e das entradas e saídas do quadro. A constante evolução do enquadramento é a principal característica plástica deste filme.

Um outro aspecto importante do "ritmo" do filme são as oposições entre seqüências curtas (geralmente de um único plano, com uma máxima utilização do espaço em *off* como, por exemplo, quando o detetive está no escritório do jornal ou quando encontra seu colega na polícia etc.) e seqüências mais longas, compostas de dois ou três planos (a seqüência do cabaré, cena-chave do filme, é neste sentido singularmente privilegiada, com dez ou mais planos). O único ponto fraco do filme reside, a nosso ver, no "funcionamento" das ligações. A opção por planos tão longos deveria, parece-nos, privilegiar suas mudanças, conferindo-lhes, a cada vez, uma função evidente de ruptura. Mas, não raro, essas mudanças são desajeitadas, débeis, não acrescentando nada: tem-se a impressão de que o corte foi feito porque se chegou ao fim dos trilhos do carrinho... ou da imaginação. É significativo que quase não haja elipses no interior das seqüências, salvo nas mais banais (como passagens de interior para exterior etc.). É uma opção compreensível, mas que torna, talvez, mais difícil privilegiar os cortes. Entretanto, há algumas soluções notáveis, que se devem quase sempre a uma ruptura da continuidade espacial. No primeiro dos dois quartos de motel em que os amantes se encontram, um longuíssimo primeiro plano, no qual Clara procura um brinco que sumiu, é seguido de um quadro vazio, onde aparece a ponta de uma cama; depois, Clara entra em campo para pegar o brinco que Guido jogou na cama; mas a justificativa deste novo plano só surge alguns instantes após sua mudança, o que dá mais ênfase à ruptura da continuidade espacial. Mais tarde, na cena em que os amantes se refugiam em uma escada, acompanhamos sua subida através de longos movimentos de grua e, enquanto escutamos em *off* o forte ruído de uma porta de elevador batendo, os protagonistas interrompem sua discussão (já tratavam do assassinato do marido), apóiam-se no corrimão, dividindo a mesma lembrança dolorosa da morte da noiva de Guido no poço do elevador. O próximo plano, uma *plongée* muito acentuada, mostra-nos o elevador que sobe em direção à câmera. Esse plano é inevitavelmente pressentido como um plano subjetivo, visto pelos dois amantes. No entanto, quando uma panorâmica, que se inicia com o movimento de subida do elevador, coloca a câmera novamente na posição horizontal, constatamos que esta se encontra do outro lado do poço do elevador, e que os amantes, ainda apoiados no corrimão, se encontram à nossa frente, bem distantes. Em ambos os casos, trata-se de uma ligação com efeito retardado, do tipo que descrevemos no Cap. 1, e que constitui, a nosso ver, uma das maneiras possíveis de se particularizar uma mudança de plano, sublinhando sua qualidade de ruptura, do que Antonioni, é, em suma, muito mais consciente que a maioria dos realizadores[6]. Ainda, essa cena permite-nos abordar um aspecto essencial da concepção dialética do filme: considerando-se essa radical diassocição entre as imagens (tratadas no filme como um balé quase abstrato) e as

6. Essa particular importância que assume a mudança de plano em um contexto de planos muito longos é bastante evidenciada na obra de Kenji Mizoguchi que foi, sem sombra de dúvida, o maior organizador da plástica interna do plano que o cinema já conheceu. Entretando, Mizoguchi parece não dar atenção à passagem de um plano para outro. Em sua obra-prima, *Sai Kaku Ichidai Onna* (*O Haru – A Vida de uma Cortesã*), há apenas cinco ou sei passagens plasticamente estruturadas em função de sua situação privilegiada entre planos muito longos. Fascinado pelas reconstituições perfeccionistas, das quais é mestre, Mizoguchi só interrompe um plano quando não tem mais nada a dizer, passando ao plano seguinte assim como passamos as páginas de um livro. O que vale observar, porém, é que essa indiferença surpreende mais porque o primeiro plano é muito longo, o que confirma uma grande verdade: quanto mais longo é um plano, maior relevo ganha a solução adotada para "sair dele".

palavras (tratadas como o único veículo narrativo), como esses dois elementos se inter-relacionam?

Limitar-se a manter esse divórcio o tempo todo, filmar cada seqüência segundo uma estrita dicotomia (imagem-balé, de um lado, palavra-narrativa, de outro, como na admirável seqüência na bacia de regatas, por exemplo) significaria negar a possibilidade de uma unidade estrutural essencial, como um contínuo movimento de divergência e de convergência entre as duas partes, uma espécie de respiração dialética ligando e separando alternadamente o que se usou chamar de fundo e forma. A inter-relação acima citada é um dos exemplos de como essa dialética pode se articular: a imagem leva-nos às palavras e pensamentos das personagens, durante os poucos segundos em que pensamos assistir a um plano subjetivo (mesmo que esses planos sejam extremamente raros no filme), para depois nos afastar dali, assim que descobrimos nosso "erro". O extraordinário é que os métodos de aproximação empregados são sempre variados: o método "simbólico" que citamos é utilizado apenas uma vez. Quando a empregada, testemunha do acidente fatal no elevador, conta sua versão da cena, seus gestos coincidem uma única vez com gestos passados (indo deixar sua sacola de compras, ela volta correndo para o patamar em que o detetive esperava por ela, justo no momento em que ela contava que correu para o elevador depois que sua jovem patroa caiu no poço). Encontramos, aliás, um comportamento semelhante em *Tentatio Suicidio*, episódio dirigido por Antonioni em *Amore in Città*. Quanto à violência latente na narrativa, esta brota na tela apenas quatro vezes: quando Guido bate em Clara na boate, no primeiro quarto de motel, na ponte, e quando Clara finge estrangular Guido no segundo quarto de motel. Esses são quatro pontos cruciais do filme. O acidente que mata o marido é tratado como um ruído longínquo, seguido de um piscar de luzes no horizonte, procedimento maravilhosamente discreto que compatibiliza a absoluta ausência de ação na tela com a necessidade de evidenciar esse momento, "mostrando-o" mais do que o narrando. Alguns planos depois, aparece a única imagem "realista" (no sentido de "repugnante") do filme, o único momento em que Antonioni viola seu princípio de representação elegante e que constitui, também, um momento particularmente privilegiado de encontro entre a imagem e a história: o primeiro plano do cadáver do marido.

É pena que em seus filmes seguintes (lembremo-nos que *Crimes d'Alma* foi seu primeiro longa-metragem de ficção), Antonioni, excessivamente preocupado com os problemas de "conteúdo", tenha se ocupado pouco dos problemas de estrutura – com exceção de *A Noite* e *L'eclisse* (*O Eclipse*) –, aos quais é tão sensível, mas dos quais parece, ao mesmo tempo, desconfiar. Se bem que em *Crimes d'Alma* ele já abordasse muitos problemas hoje essenciais para os realizadores contemporâneos e, mesmo que não tenha conseguido resolvê-los todos, pelo menos seu filme representou um marco absolutamente fundamental na história do cinema.

Crimes d'Alma, apesar de pouco compreendido durante muitos anos, é hoje universalmente considerado uma obra-prima, enquanto outro filme, que para nós é um segundo marco fundamental da história do cinema nos últimos vinte anos, permanece quase totalmente desconhecido, tanto pelos cinéfilos como pela crítica jovem.

Une simple histoire, de Marcel Hanoun, por ele co-produzido com a Televisão Francesa em 1958-1959, filmado em 16mm, com um orçamento extremamente limitado. Hanoun realizou seu filme literalmente sozinho. Entretanto, *Une simple histoire* está muito longe da reportagem improvisada que se poderia esperar, dadas as condições de filmagem e o tema do filme. Este último, inspirado em uma notícia de jornal, assemelha-se, por sua aridez e despojamento patéticos, ao esquema zavattiniano por excelência: uma mulher (na verdade uma mãe-solteira) chega a Paris com sua criança, uma menina de seis ou sete anos. Ela tem apenas dez mil francos (antigos) em sua bolsa. Chega à procura de trabalho, hospedando-se inicialmente na casa de uma amiga, em um subúrbio. Depois de ser expulsa da casa da amiga, receosa de que ela pudesse incomodar seu amante, começa a procurar um hotel. Na seqüência, a vã procura de trabalho, a dificuldade de encontrar um quarto ou de conseguir mantê-lo por mais que alguns dias por causa da criança, de encontrar quem tome conta dela enquanto procura trabalho etc. Por fim, após um certo número de dias o dinheiro acaba, a mulher passa a noite com a criança em um terreno baldio, onde são recolhidas pela manhã por uma senhora compassiva que mora em um conjunto habitacional em frente. E é só. História simples, com efeito. Mas, a partir dessa trama. Hanoun construiu um filme mais elaborado e mais rigorosamente estruturado do que qualquer outro longa-metragem até hoje, resultando daí, a nosso ver, uma das únicas e verdadeiras abras-primas de toda a história do cinema. São afirmações bastante ousadas, que tentaremos justificar.

A linha narrativa, como acabamos de resumir, desenvolve-se em torno de uma única ruptura, sob forma de *flashback*, que ocorre na altura do décimo minuto do filme. No início do filme, a senhora compassiva olha através da janela, vê uma mulher e uma criança que passaram a noite ao relento e desce para as recolher. Mais tarde, só no apartamento da senhora com sua filha, Sylvie, a mulher repassa a limpo "tudo o que lhe aconteceu desde que chegou a Paris". Daí em diante, a narrativa prossegue, como já dissemos, até a noite passada no terreno baldio... E o filme termina de uma maneira incrivelmente original: o círculo nunca se fecha, nunca chegamos ao "presente", como se fosse por assim dizer, um *flashback* em aberto.

Todo o filme, inclusive a parte que antecede o retrospecto, é acompanhado (embora, como mais tarde veremos, "acompanhado" seja uma palavra muito fraca), de um comentário em *off*, na voz da mulher, que constitui o elemento estrutural básico do filme. Para o espectador desatento, o comentário da mulher pode parecer puramente redundante (quando de sua brevíssima apresentação em dois cinemas "de arte", parisienses, provocou risadas regulares do público), simplesmente porque esse comentário viola quase sempre uma regra elementar, que qualquer um pode ler em manuais de "como fazer um bom filme": descreve o que se vê na tela, repetindo o que se ouve em som "direto" (expressão propositalmente inadequada, porque o filme, é claro, foi inteiramente pós-sincronizado). É assim que o espectador distraído vê o filme. O espectador mais atento percebe logo que a função desse comentário é outra, que sua ligação com a imagem de um lado, e com os diálogos, de outro, são objeto, do começo ao fim do filme, de um processo de mudança constante, de uma riqueza extraordinária, de acordo com um princípio de variação que merece plenamente a qualificação de "dialética", que nós talvez empreguemos mal. Tentaremos definir os pólos entre os quais evoluem os parâmetros do comentário.

Inicialmente, salvo duas notáveis exceções, ele funciona sempre como constatação. A mulher constata o que lhe aconteceu, o que viu, o que disse ou que o que lhe disseram (ela comenta até o fato de ter havido momentos em que não disse nada, ou que não lhe disseram nada), ou então, com menos ocorrência, o que pensou ou sentiu. Apenas uma vez o comentário assume a forma de queixa, de revolta, mas mesmo assim apresenta-se como uma constatação. No final do filme, não conseguindo dormir, a mulher encontra em uma gaveta do quarto de hotel uma revista do tipo fotonovela, descrevendo-a mais ou menos assim (em *off*): "As pessoas eram todas bonitas, dirigiam carros esporte, não trabalhavam e bebiam uísque o dia inteiro". Eis um primeiro exemplo do surpreendente sentido de "momento privilegiado" que Hanoun revela nesse filme. Outro momento privilegiado do comentário é a única vez em que a mulher faz alusão aos antecedentes de seu drama: "Pensei voltar a Lille; meu pai talvez me recebesse, mas minha madrasta me faria uma marcação cerrada".

Examinemos agora as relações estruturais entre os comentários e os diálogos. Repetindo continuamente o que dizem os diálogos, o comentário alterna-se constantemente entre o estilo de narração direto e indireto, ora citando palavras pronunciadas antes na tela com disfarçadas aspas, ora resumindo-as. Quando há uma citação real, porém, essa tanto pode ser exata como inexata, seja através de inversão de palavras, seja pela substituição de uma palavra por outra, pela abreviação ou mesmo pela mistura de várias dessas técnicas. Quando há um resumo, este pode conter uma citação (exata ou não) ou simplesmente ser uma síntese dos diálogos, também mais ou menos exato, já que a ordem das idéias expressas pode ser modificada ou abreviada. Mas o que realmente realça essa inter-relação são os intervalos de tempo variáveis entre o comentário em *off* e os diálogos reais do filme. A voz em *off* pode preceder totalmente a frase pronunciada na tela, ou totalmente sucedê-la (também em intervalos igualmente mais ou menos longos, é claro). Essas possibilidades são os limites extremos de uma vasta gama de sobreposições de toda sorte, podendo chegar à superposição exata, tendo as duas frases – comentários e diálogos – a mesma duração (embora não sejam necessariamente idênticas). Conseqüentemente, ocorre com freqüência que o sentido de uma determinada frase só possa ser captado escutando-se simultaneamente as duas pistas sobrepostas, com algumas palavras-chaves emergindo de trechos incompreensíveis para completar o sentido de trechos compreensíveis. Por essa razão, a leitura de cada novo grupo de comentários-diálogos é uma nova aventura, pois podemos afirmar que em momento algum se repete o padrão representado pela defasagem no tempo e na formulação dos dois elementos. Às vezes, uma frase começa sincronizada nas duas pistas, para terminar com uma diferença de palavras (e talvez com uma defasagem temporal); às vezes, acontece o inverso. Se acrescentarmos ainda toda a gama de relacionamentos sonoros que Hanoun utilizou na mixagem, desde o balanço perfeito do volume das pistas, até a supressão total de palavras gravadas em som "direto", teremos uma pequena idéia do vasto campo de possibilidades tinha diante de si, e que ele explorou de uma maneira *absolutamente exaustiva*.

Como já dissemos, além de possibilitar a descrição de gestos e palavras das personagens e de fatos objetivos da narrativa, o comentário permite também que a mulher exprima seus pensamentos e seus sentimentos. E nesse ponto, ocorre uma espécie de "estrutura por eliminação" absolutamente fantástica, tanto por seus efeitos formais quanto poéticos[7]: à medida que sua situação piora, a mulher fala

7. Trata-se de abordagem que não deixa de se relacionar com a música dodecafônica: ver comentários de André Hodeir sobre a música de Jean Barraqué em *La Musique depuis Debussy*.

cada vez menos de seus sentimentos e pensamentos (o que ela só faz, aliás, em três ou quatro ocasiões). Seus comentários em *off* tornam-se cada vez mais objetivos, até o absurdo perturbador de uma réplica que de uma certa forma coroa o filme, por representar o extremo grau de "alienação" dessa mulher. Ela está debruçada sobre um parapeito, em um bairro periférico, quando sua voz diz em *off*: "Passei perto de um túnel e vi carros entrando por um lado e saindo por outro". Em seguida, é o terreno baldio, uma espécie de "coda" patética em que a voz "interior" retoma brevemente seu monólogo: "Daí em diante, não me lembro de nada... Estava em um terreno baldio... Enrolei Sylvie em minha capa de chuva... Ela demorou a dormir... Eu também... Acordei subitamente... Tinha medo... Tinha frio... (um longuíssimo primeiro plano da mulher olhando para o vazio... Depois, um plano de grande conjunto de um conjunto habitacional, o último plano do filme)... Tinha ainda luzes acesas em algumas janelas".

Para falar das relações entre o comentário e a imagem é preciso falar da decupagem e da dialética do tempo no filme. Seria seguramente possível, após uma leitura atenta do roteiro, estimar-se o número de dias passados entre a chegada da mulher a Paris e a manhã quando foi recolhida pela senhora caridosa. Entretanto, a passagem do tempo "real" do filme não é "tangível" pela contagem dos dias e das noites, mas pela "passagem" do dinheiro gasto, ou seja, dos dez mil francos que a mulher tantas vezes conta e reconta angustiadamente. Utilizando esse esquema concreto para revelar tão extraordinariamente a passagem do tempo, Hanoun montou uma decupagem que utiliza uma variedade fantástica de elipses temporais. Independentemente de sua continuidade espacial, a mudança de plano pode precipitar um lapso de tempo de segundos a vinte e quatro horas ou mais. A nosso ver, Hanoun é o primeiro realizador contemporâneo que utiliza sistematicamente a elipse temporal através de mudanças de escala dentro do mesmo eixo[8]. Para

8. Técnica descoberta já em 1912 pelo grande pioneiro Léonce Peret!

tornar essas constantes variações perceptíveis e *esteticamente funcionais*, incorporou naturalmente o comentário em seu sistema de elipses. Não se trata de simplesmente indicar a duração de tempo passado, mesmo que às vezes também o faça, como quando uma admirável mudança de escala dentro do mesmo eixo indica a passagem de uma noite inteira: a ligeira mudança de distância focal de dois primeiros planos da mulher na cama, com iluminação diferente. No segundo plano, a mulher diz esta frase: "Acordei de manhã... Foi o sol muito forte que me acordou..." Hanoun usa a voz em *off* para criar o sentido do que se passa nos intervalos dessas elipses tão abruptas (no filme não há nenhuma fusão e muito poucas dissoluções em preto), como por exemplo quando, em um dado momento, passamos de um plano do quarto de hotel para um plano de grande conjunto da rua. Segurando a criança pela mão, a mulher está curvada para a frente para apanhar um *croissant* na calçada, quando o comentário diz: "Comprei um *croissant* para Sylvie... Ela não quis e jogou fora..." Enquanto o comentário é dito, nós a vemos, na tela, oferecendo o *croissant* a um vagabundo que passa, trôpego. O resto da cena é narrado com uma defasagem bem marcada não apenas entre o tempo do comentário e da imagem na tela, como também entre nossa apreensão da cena e sua descrição em *off* pela mulher. A mulher nunca usa a palavra "vagabundo". Era um homem que passava... Apenas no final do filme ela acrescentará, timidamente, "que ele tinha bebido"... quando era evidente, desde o início, que ele estava completamente bêbado.

Outra cena mostra até que ponto o inter-relacionamento entre as elipses e o comentário pode tornar-se *complexo*. Após ver em um jornal o endereço de uma firma que estava contratando pessoal, a mulher desce ao metrô com sua filha. No plano seguinte, ela passa diante de um placa com o nome de uma rua e sai de campo. O quadro fica vazio. O comentário diz: "Até que enfim achei a rua". Passamos a um plano de conjunto do interior de um bar... Sylvie está sentada no fundo, de costas para a câmera. O comentário continua: "Pedi que ficassem tomando conta dela, mas quando cheguei não tinha mais vaga". A mulher entra em quadro vindo da rua e senta-se diante de Sylvie... diante da câmera.

Mudança de escala dentro do mesmo eixo: plano aproximado da mulher que levanta a cabeça e olha para a câmera: "Pedi um chocolate", diz o comentário... Nova mudança de escala, sempre no mesmo eixo: em primeiro plano, ela bebe o chocolate: "Eu não vi Sylvie sair" (ela levanta a cabeça para a câmera), "mas a garçonete viu e a trouxe de volta". Nova mudança de escala no mesmo eixo leva-nos de volta ao plano de conjunto inicial. Sylvie está novamente (ou ainda?) sentada diante de sua mãe; a garçonete sai de quadro. Nesta cena extremamente complexa, percebemos que o comentário evoca não apenas a ação que acontece "durante" as elipses entre as tomadas, resultando na total eliminação dos diálogos da cena, já que estes são pronunciados nos "intervalos", como também o que se passa em *off*, sobretudo o que acontece em uma espécie de *no man's land*, que tanto pode ocorrer em *off*, como durante uma elipse. O filme é rico neste tipo de estruturas complexas que, pelo que sabemos, nenhum outro cineasta havia ainda utilizado.

Finalmente, outras estruturas mais "incidentais" somam-se aos grandes desenvolvimentos dialéticos que determinam a feitura geral do filme: os vários encontros da mulher, seus diversos confrontos com empregados de hotéis etc. (apesar de nunca vermos as pessoas a quem ela pede emprego). A mais interessante dessas estruturas é a que chamamos de "estrutura dos alimentos": em cinco ocasiões o comentário informa que ela comprou leite, ou uma conversa qualquer, mas nós nunca vemos o alimento comprado ou seu consumo, apenas seu preparo em um fogareiro dentro do quarto. Esse preparo da comida, aliás, um dos temas obsessivos do filme, é anunciado antes do *flashback* em um rápido sonho que a mulher teve, quando dormia em um sofá na casa da senhora caridosa: um fogareiro no meio do terreno baldio e a mulher, feliz, dançando, esquenta leite, enquanto passarinhos cantam e brilha o sol. Entretanto, no último dia, antes de deixar o último quarto de hotel, assistimos finalmente à compra e ao consumo da comida... mas não ao seu preparo. De alguma forma, é como se se tratasse de uma réplica em negativo dessa estrutura repetida. Esse momento privilegiado, que tal inversão estrutural representa, introduz um outro momento crucial. Ao comprar um *croissant* para Sylvie (o terceiro, no filme; o primeiro foi dado por uma garçonete boazinha), a mulher faz uma outra loucura com o pouco dinheiro que lhe resta: compra um saquinho de surpresas para a filha, o que dá lugar à única frase pronunciada por Sylvie durante todo o filme: "Que droga!", diz ela, jogando fora a prenda que encontrou no saquinho.

Ao lado desses procedimentos, cujas variantes são repetidas durante todo o filme, percebemos outros, que ocorrem mais raramente, de caráter absolutamente excepcional, interligados exclusivamente pela irrealidade que os caracteriza, tirando-os de um contexto, aliás, perfeitamente "realista" (o sonho mencionado acima é o primeiro exemplo disso). Um dia de procura de emprego é representado por um único primeiro plano da mulher olhando demoradamente para a câmera, erguendo e abaixando os olhos, enquanto uma montagem de ruídos de fábrica indica a pressão do tempo. O plano seguinte emprega outro tipo de elipse "mágica": vemos a mulher sair, primeiro de um prédio, depois do quadro (que fica vazio), enquanto a voz em *off* conta que em certo lugar lhe disseram para voltar no dia seguinte. De novo ela sai pela mesma porta, a seguir sai de quadro, sem mudança de plano. "Mas no dia seguinte, não havia nada", diz o comentário. A justaposição de dois procedimentos dessa natureza "mágica" é por si só um momento privilegiado. Mais tarde, à noite, ela sai do hotel e perde-se pelo bairro. Suas andanças são indicadas por duas passagens, direita-esquerda, depois esquerda-direita, diante da câmera, sobre um mesmo fundo escuro totalmente abstrato. Por fim, perto do final do filme, quando a mulher tem que deixar o último hotel, já sem dinheiro, assistimos a um conjunto de planos, campos e contracampos nos quais ela olha para os trilhos de uma estrada de ferro através de uma grade. "Passei por um lugar onde havia trilhos." Ouvimos crescer o barulho de um trem mas, quando em contracampo vemos os trilhos, não há trem e os trilhos estão enferrujados e tomados pelo mato. O barulho do trem continua aumentando e com dificuldade ouvimos o resto do comentário: "Mas acho que eles já não eram usados há muito tempo".

Esperamos ter conseguido descrever a *complexidade* estrutural do filme. Como relatar a qualidade de uma obra-prima como essa? Se, de um modo geral, consideramos nosso trabalho mais "análise" do que crítica, é porque julgamos esta tarefa impossível. Somente a visão e a compreensão do filme podem confirmar este julgamento pelo leitor. Embora a dimensão poética de seqüências como a dos trilhos ou a do bar nos pareçam evidentes, mesmo através de uma mera descrição técnica, como descrever com palavras a extraordinária criação de Micheline Bezançon, atriz hoje tão injustamente esquecida quanto o próprio filme ou, em seus lábios, a beleza extraordinária de um texto que, no papel, pode parecer sem graça, quando não simplista!

Os "espectadores atentos" que não gostam deste filme (e via de regra, os que não gostam, desprezam-no ou detestam-no) opõem-se ao tema, que julgam pueril, sentimental, afetado, adocicado ou trivial. Quando se trata de julgar um verdadeiro filme, ou seja, uma obra com múltiplas dimensões e cujo tratamento formal é exaustivo, julgá-lo pelo tema é um erro. Por uma inquietação formal, Hanoun conseguiu elevar seu tema ao nível de uma grande tragédia (não achamos, aliás, que o tema seja tão "ruim"). Afinal, será que *Crime e Castigo* ou *Macbeth*, reduzidos à sua nudez temática, não seriam também triviais? Foi o desenvolvimento formal do estilo que os transformou em obras-primas... O mesmo acontece com o filme de Hanoun.

Seria preciso relançar *Une simple histoire*. Em cada geração de cineastas deve haver sempre dois ou três espíritos capazes de captar seu enorme e incalculável significado (como, aliás, foi o caso de Jacques Backer, que a ele assistiu na época em que filmava sua obra-prima *Le trou* [*A um Passo da Liberdade*]).

Não preconizamos a aplicação literal da forma e das técnicas empregadas por Hanoun nesse filme. O que é exemplar, neste caso, é a atitude de absoluto rigor adotada por ele diante da matéria que ele processou, compreendendo-se matéria como um conjunto formado por rostos, palavras, gestos, sons, imagens, ligações, distâncias focais etc., um conjunto onde todos os elementos têm uma importância rigorosamente igual, "todos" tendo um papel funcional na organização plástica do filme. Uma organização empírica, é bem verdade, mas no final das contas, apenas uma organização empírica pode alcançar, no cinema, essa completa articulação orgânica que Marcel Hanoun, talvez o único até hoje, conseguiu com sua "simples história".

6. SOBRE A UTILIZAÇÃO ESTRUTURAL DO SOM

Parece-nos evidente que a dialética fundamental do cinema, e que, pelo menos empiricamente, subentende todas as outras, é a que opõe e une som e imagem. A necessária dicotomia entre o som e a imagem parece hoje uma realidade inquestionável e o mais ferrenho dos críticos, acostumado a tudo questionar, poderá encontrar exemplo disso no cinema mudo. Desde os primórdios da história do cinema, desde as primeiras projeções dos filmes de Méliès no sub-solo de um bar parisiense, tanto público como realizadores sentiram a necessidade de um acompanhamento sonoro (musical) para a imagens, cujo *silêncio* parecia insuportável[1], apesar de sua natureza *muda* ser a

1. Diz-se, geralmente, que era porque se ouvia o barulho do projetor. Mas, hoje em dia, como é insuportável o silêncio na cinemateca francesa onde, ao contrário, não se pode ouvir o seu barulho! *Dr. Mabuse*, de Fritz Lang, parece muito mais belo quando assistido em sua versão sono-

origem de uma grande arte dramática, infelizmente hoje perdida[2].

Ao comentar sua própria obra, Robert Bresson exprimiu-se em termos muito pertinentes, a respeito da natureza dessa dicotomia do som e da imagem[3]: por seu maior realismo, o som, afirma ele, é infinitamente mais evocativo que a imagem, a qual não passa de uma estilização da realidade visual... "Um som sempre evoca uma imagem; uma imagem nunca evoca um som" diz Bresson, que conclui, com uma pitada de falsa ingenuidade, que sempre que pode substitui uma imagem por um som, procedimento fiel, aliás, ao princípio de economia de meios que está na base de seu cinema.

Mas será essa a verdadeira essência da dialética entre o som e a imagem? Além da segunda afirmativa de Bresson não parecer uma decorrência da primeira, não estamos convencidos de que o som seja tão realista assim, apesar de aceitarmos essa possibilidade. O filme de Gregory Markopoulos *Twice a Man*, por exemplo, é precedido por cinco minutos de ruídos que, para metade dos espectadores, parecerão chuva caindo e, para a outra metade, uma multidão aplaudindo. Evidentemente, neste caso, a imagem poderia ajudar, mas a tela está escura nesse momento, ou seja, trata-se de um som em *off*, do tipo daquele que Bresson afirmava poder substituir por uma imagem. Daí provém nossa sensação de que a legibilidade do som é tão variável quanto a da imagem: um primeiríssimo plano sonoro de uma gota d'água caindo em uma pia pode ser, para o ouvido, tão dificilmente identificável quanto, na tela, um primeiríssimo plano da articulação do polegar de uma mulher (ver *Geography of the Body*, de Willard Maas, membro da primeira

rizada de acordo com o espírito da época. É certo que a música tem, aí, uma presença apenas sonora, mas que se revela indispensável para se medir o ritmo das imagens.

2. O cinema mudo de Garrel, de Goldman, de Veyraghe e de outros realizadores americanos da época parecem demonstrar o contrário.

3. No programa de televisão *Cinéastes de notre temps*, realizado por François Weyergans.

geração da vanguarda americana). Qualquer técnico de som confirmará a dificuldade de tornar determinados sons "verossímeis", sobretudo se ocorrem em *off*, isto é, se despojados da imagem – seu suporte explicativo. E Bresson, precisamos dizer, sabidamente escolhe para seus sons em *off* efeitos sonoros facilmente "legíveis" (como passos, bater de portas etc.), o que limita consideravelmente sua *aquarela* sonora. Contrariamente, por mais estilizada que possa parecer quando "imaginada", uma cara ou uma paisagem filmada sem nenhum "efeito" particular parecerá tão realista quanto uma porta cujo ranger não ouvimos. Quanto ao potencial evocativo do som, este nos parece ligado sobretudo ao potencial do espaço em *off*, bem como de *tudo* que esteja ligado a ele: um olhar em *off* é igualmente evocativo. Não nos parece que esta noção seja necessariamente ligada à natureza do som em si, apesar de ser evidente que no cinema falado o espaço em *off* tem muito mais vida, por causa do som.

Pensamos que a essência da dicotomia entre som e imagem não reside na oposição, mas sim na identidade. Já falamos anteriormente sobre a noção de não-seletividade da câmera, por oposição à seletividade natural do olho humano, e das conseqüências que se pode ter da noção de "enquadramento total", segundo a qual cada composição é um todo em si. Entre o microfone e o ouvido existe uma oposição semelhante, parece-nos. Senão, tomemos o exemplo de uma conversa dentro de um carro em movimento: na vida real, conseguimos facilmente abstrair os ruídos que atrapalham nossa audição (como barulhos de motor, de vento, de rádio etc.) e *ainda assim* ouvir o que dizem as pessoas dentro do carro. Um microfone, por sua vez, gravando a mesma conversa nas mesmas condições, certamente nos restituiria toda a mistura de sons[4], reproduzindo-os todos

4. Sob certas condições, os microfones direcionais podem modificar essa situação, mas não nos parece que isso comprometa nossa comparação, pelo menos ao nível da percepção humana, sobretudo quando a qualidade peculiar (má) do som assim captado resulta em outra mera estilização, fenômeno comparável ao efeito de uma voz ao telefone.

por igual, na projeção, através de uma única fonte, o sistema de reprodução de som do cinema, fenômeno comparável à maneira como a câmera reduz as três dimensões de um campo real às duas dimensões da tela.

Logo, assim como não se pode filmar uma partida de *flipper* e esperar que a imagem fique clara sem antes se atenuar, de alguma maneira, os reflexos no vidro, também para se ouvir claramente a gravação de uma conversa dentro de um carro, é preciso que se grave o som ambiente e as palavras separadamente, equilibrando o conjunto na mixagem[5].

Essa presença equilibrada dos componentes sonoros de um filme, canalizados através do funil que é o alto-falante do cinema, exige a composição "musical" total de todos os elementos que integram a trilha sonora, da mesma forma que a natureza da imagem projetada na tela exige uma preocupação constante com a organização plástica, também totalizante.

Como já assinalamos na primeira parte deste capítulo, existem dialéticas inerentes à trilha sonora que apresentam certa analogia com as dialéticas da fotografia, cujo inventário tentaremos traçar a seguir.

O exemplo, que utilizamos acima, de um carro em movimento evidencia a existência de, pelo menos, dois tipos de *matéria sonora* (o som direto e o som reconstituído pela mixagem), que podem representar, sem dúvida, os dois extremos de uma dialética semelhante à dialética dos materiais, sobre a qual já falamos, relativamente à imagem visual, e que lembra muito uma delas. Trata-se, com efeito, de uma dialética que normalmente ocorreria na alternância entre tomadas ao vivo e encenadas, enfatizando-lhes o sentido. Entretanto, na prática, é freqüente que tomadas "improvisadas" sejam inteiramente pós-sincronizadas em estúdio e que tomadas meticulosamente encenadas recebam uma

5. Particularmente interessado na questão da interferência sonora, Godard muitas vezes gravou esse tipo de cena em som direto (ou recriou, em estúdio, o efeito do som direto), sem dúvida para nos conscientizar do esforço que nosso ouvido – e nosso espírito – deve fazer para captar as mensagens que nos são transmitidas.

ambientação sonora gravada ao vivo. Via de regra, trata-se de mera conveniência, pretendendo-se com isso tornar simultaneamente as cenas em questão tão verossímeis e claras quanto possível. Contudo, parece-nos concludente imaginar um jogo complexo de relações entre esses quatro "extremos", que poderiam tornar-se a trama essencial de um novo tipo de filme (voltaremos a tratar este assunto no capítulo sobre a manipulação do acaso). Em certos programas de televisão, alternâncias entre o som direto e o som reconstituído, hoje, associadas a correspondentes alternâncias de imagens, resultam em uma estrutura simples, mas muito eficiente. A passagem do ambiente acusticamente isolado de um estúdio ou de um *plateau* de filmagem para o ambiente "efervescente" das ruas, em uma cena rodada ao vivo, por exemplo, aumenta muito o sentido de ruptura que lhe é inerente, tornando-o infinitamente mais "físico" do que a simples passagem de um tipo de tomada mais "elaborado" para um outro "menos elaborado". Talvez porque, de repente, o espaço em *off* passe a ter uma dimensão infinitamente mais vasta e confusa: realmente, um dos princípios da gravação em estúdio é o silêncio ambiente, um vazio que se povoa depois com sons, de forma a simplificar ao máximo a apreensão do espaço em *off* (esta diferenciação do espaço em *off*, aliás, indica-nos também um dos vários modos de articulação das diferentes dialéticas).

Outro parâmetro essencial do som é a *presença do microfone*. A distância aparente entre a fonte sonora e o microfone (ou, mais exatamente, entre essa fonte e o alto-falante, geralmente localizado atrás da tela), é determinada pela associação de efeitos sonoros bastante complexos, dos quais a ressonância, ou "eco", é o mais importante. As possibilidades de inter-relacionamento estrutural entre o espaço sonoro e o espaço visual são evidentes, e disso encontramos, no cinema atual, exemplos bastante significativos – apesar de isolados. É preciso observar aqui que as pesquisas de som estão alguns dez anos atrasadas, se comparadas às pesquisas de linguagem, como veremos no final do capítulo.

No filme de Agnès Varda, *La pointe courte*, os planos de grande conjunto do casal passeando pelas praias e falando em primeiro plano sonoro são um exemplo, talvez rudimentar, de como a "presença" sonora pode opor-se à presença visual. Orson Welles, em *Othello*, reforçando (quando não exagerando) a fidelidade da presença sonora, relativamente ao espaço visual, já conferia uma dinâmica totalmente nova às oposições entre primeiros planos e planos de conjunto. Associando os primeiros a uma presença sonora extremamente "íntima", e os últimos a um eco desproporcional, o abrupto contraste entre eles representava um dos elementos da decupagem contrastante desse filme, já mencionada no Cap. 3.

Encontramos outro tipo de inter-relação entre espaço visual e presença sonora, ainda mais rico potencialmente, em um filme que até hoje se encontra na vanguarda das experiências sobre as dialéticas entre som e imagem, *Os Amantes Crucificados*. Em dois momentos perto do final do filme, antes da última prisão dos amantes, vemos policiais esgueirando-se pela casa, quase escondidos por várias superposições de grades de madeira. Este plano é acompanhado, sempre, por uma intervenção musical *fortissimo*, em primeiríssimo plano sonoro (instrumentos de percussão). A oposição provocada pelo distanciamento do "tema" visual e a proximidade do "tema" sonoro produz um efeito surpreendente, assim como se uma nova personagem tivesse entrado nesse mesmo quadro em primeiríssimo plano. Mas, o que confere tamanha tensão a esse momento do filme, cuja estrutura pode ser considerada o embrião do conceito de itinerário através do espaço "audio-visual", são exatamente a ausência de qualquer novo elemento visual próximo à câmera e a *surpresa*[6] daí resultante.

Ao falar das inter-relações entre os materiais sonoros e entre o espaço sonoro e o espaço visual, referimo-nos tanto à música como aos diálogos e ruídos, porque achamos que esses dois tipos de interação dialética podem envolver todos os elementos sonoros. Partilhada por uma minoria crescente de realizadores, esta atitude constitui um passo importante para as pesquisas contemporâneas sobre o som no cinema: estabelecer uma trilha sonora organicamente coerente,

6. Ver Cap. 8.

onde as relações dialéticas entre som e imagem sejam estreitamente ligadas a outras, inter-relacionando o que poderíamos chamar de três tipos essenciais de som cinematográfico (ruídos, identificáveis ou não, música e diálogos). Em *Os Amantes Crucificados*, Mizoguchi[7] revela-se também um pioneiro em matéria de som. Obviamente, o caráter particular da música japonesa (sobre este assunto voltaremos ainda a falar), com predominância de percussões secas e estruturas eminentemente "gráficas", tornou relativamente mais fácil o estabelecimento da inter-relação dialética entre ruídos e música. Apesar da contribuição da música japonesa em si, a trilha sonora de Mizoguchi é um exemplo praticamente único na história do cinema. Em uma cena em que o herói está escondido em um sótão, uma sucessão de ruídos claramente ritmados, provenientes das tigelas de madeira que o fugitivo usou para comer, seguidos dos ruídos de uma escada que bate em uma parede, representam na realidade as primeiras notas (com tonalidade indeterminada, claro) de uma seqüência musical que utilizará instrumentos cujos timbres se aproximam dos sons "naturais" que o precederam. Outra seqüência musical termina com uma "nota" que nada mais é do que o ruído de uma porta que se fecha no quadro. Além do vínculo orgânico, dialético, que assim se estabelece entre esses dois aspectos da trilha sonora – os "ruídos funcionais" e a música –, o próprio fato de tratar-se de ruídos sincronizados com a imagem suscita novas ligações, entre as imagens e toda a trilha sonora do filme a qual, por esta razão, sai imperceptivelmente do espaço em *off* para entrar no espaço visual.

Há aí um outro tipo de relação, de ordem "analógica", entre o som, particularmente a música, e a imagem (relação dialética, na medida em que permite a aproximação regular desta com aquele): como, por exemplo, em uma cena (com ações mudas), que se passa em um bosque de bambus, acompanhada por uma série de instrumentos parecidos com

7. Experiências semelhantes, mas muito menos sistematizadas, podem ser encontradas em outros filmes de Mizoguchi, sobretudo em *O Haru – A Vida de uma Cortesã* e *Sansho Dayu* (*O Intendente Sansho*).

matracas, sugerindo imediatamente o som que talvez se obtivesse batendo nos talos dos bambus que enchem a tela. Não pensamos que essa abordagem permita maiores desdobramentos, mas Eisenstein atribuía-lhe muita importância. Na seqüência da coroação, em *Ivan, o Terrível*, o primeiro plano do globo imperial coincide com uma nota de contrabaixo extremamente grave e retumbante. Eisenstein atribuía igualmente importância a todas as relações analógicas entre a imagem e o som, como se poderá concluir da leitura da análise que ele fez da música de Prokofief para *Os Cavaleiros de Ferro*.

Retornemos agora à idéia de que seria possível integrar ruídos e música em um único texto sonoro. É evidente que o terceiro elemento da trindade sonora – os diálogos – poderia igualmente integrar essa relação. É bem verdade que a modulação de voz do teatro japonês, gritado, ofegante e estrondoso, comportando uma gama de timbres próxima do "canto-falado" (*sprechgesang*), de Schönberg, presta-se particularmente a este tipo de organização. Mizoguchi, nos filmes que citamos, e Kurosawa, particularmente em *Donzo-Ko* (*Ralé*) e *Kakushitoride no San* (*A Fortaleza Escondida*), tiraram partido das possibilidades de organização "musical" dos diálogos, quando não os incorporaram especificamente na trilha sonora. Finalmente, talvez tenha sido Josef von Sternberg, abordando de fora a língua japonesa (em *The Saga of Anatahan*, os diálogos não deveriam ser compreendidos pelo público), quem melhor e mais conscientemente tirou partido desses efeitos puramente sonoros, às vezes correlacionando-os estreitamente com os ruídos.

Entretanto, a mais curiosa experiência de tratamento dos diálogos ao mesmo tempo como veículo narrativo e ruídos musicalmente organizados é o filme "maldito" de Abraham Polonsky, *Force of Evil* (*A Força do Mal*). Nele, um diálogo composto por aliterações, rimas dissonantes e efeitos rítmicos de todos os tipos serve até, em certos momentos, de "transmissores" para os ruídos propriamente ditos, como quando pancadas em uma porta repetem o mesmo ritmo e sonoridade de diálogos que as precederam.

Nos exemplos citados até agora, os ruídos – mesmo quando tratados em estreita relação "dialética" com a música ou com os diálogos – são fruto de um acontecimento mostrado na tela, ou de um acontecimento em *off*, ligado à ação e que desempenha um papel (como por exemplo a cortina com estamparia de conchas, em *The Saga of Anatahan*, ou as pancadas em uma porta, em *A Força do Mal*). No entanto, alguns técnicos mais jovens entreviram a possibilidade de um tratamento muito mais livre dos ruídos, chegando a fazê-los desempenhar um papel comparável ao que se atribui à música, na maioria dos filmes que a utilizam. Na França, quem mais sistematicamente experimentou essas novas concepções foi Michel Fano, compositor que virou técnico de som, depois realizador, mas que tende a consagrar-se cada dia mais na matéria que seus homólogos brasileiros chamam de "sonoplastia", isto é, a concepção e execução de toda a trilha sonora não apenas ao nível da montagem, mas também ao nível da filmagem, na medida em que estruturas sonoras pré-concebidas podem determinar certos componentes visuais. Os trabalhos mais expressivos de Michel Fano foram feitos em colaboração com Alain Robbe-Grillet, cujos filmes representam as mais avançadas tentativas de organização "musical" dos ruídos em *off*. Mizoguchi, como vimos, elaborava uma combinação em que sons sincronizados com a imagem (sons "dentro do campo") mesclavam-se intimamente com elementos musicais (sons em *off*), associando estes últimos aos ruídos através de uma semelhança de timbres. Michel Fano, de resto um dos primeiros a reconhecer a importância do emprego do som em *Os Amantes Crucificados*, procede de maneira diferente[8]: partindo muitas vezes de um elemento visual (como, por exemplo, a garagem ou o porto, em *L'immortelle*), introduz na trilha sonora ruídos em *off* organizados musicalmente (batidas de martelo que se supõe vindos da garagem, "concerto" de sirenes que se supõe provir dos barcos no cais), opondo um espaço sonoro em *off*, caracterizado por

8. É natural, pois Mizoguchi, além das imagens, assina também a trilha sonora, enquanto Fano, até o momento, tem assinado apenas o som.

uma organização sonora altamente articulada e "gráfica", à organização plástica e dinâmica das imagens.

Essa estilização extrema do som em *off*, em que elementos sincronizados podem funcionar como uma pontuação rítmica como, por exemplo, as portas do vagão de trem e o carrilhão da loja de ferragens, em *Trans-Europ-Express*, é obtida pela organização de sons reais empregados tal como são, ou minimamente trucados, em estruturas que se inspiram muito nos conceitos da música contemporânea, quando não são totalmente dodecafônicas (trata-se muitas vezes de ruídos de tonalidade desafinada e indefinida).

Até hoje, Fano não englobou os três tipos de som (ruídos, música e diálogos) em suas trilhas sonoras, assim como não estabeleceu articulações constantes com a imagem, necessários quando se pretende atingir uma organização "dialética" dos sons. Isto exigiria, evidentemente, uma total colaboração do técnico de som com o realizador, em todos os estágios de concepção e execução do filme[9]. Contudo, o primeiro passo já foi dado, e não vemos porque um realizador não possa criar uma ampla inter-relação dialética entre o som e a imagem, pela aplicação, entre outros, dos parâmetros da organização dodecafônica à decupagem de seu filme, explorando, de um lado, as dialéticas temporais e espaciais de que já falamos e, de outro, as possíveis formas de combinação dos três tipos de som entre si e com a própria decupagem.

Fano não é o único. Ao chamar Jean-Claude Eloy para criar os ruídos e a trilha musical de *Suzanne Simonin, la religieuse de Diderot* (*A Religiosa*), Jacques Rivette revelou a importância que dá a esse tipo de pesquisa. Em *Vidas Secas*, de Nelson Pereira dos Santos, uma jovem equipe de brasileiros revelou talento e sensibilidade na organização

9. Pouco tempo antes da edição francesa deste livro, pudemos assistir a *L'Homme qui ment*, resultado admirável das pesquisas que Fano realizou anteriormente, onde a interação dos três parâmetros sonoros é quase perfeita, mesmo que sua integração com a imagem e com a decupagem seja ainda talvez excessivamente episódica.

plástica dos ruídos que nascem da imagem (em especial, a "música" dos créditos, um longo ranger de rodas de carro-de-bois, de uma beleza absolutamente inédita).

Mas a realização desses jovens brasileiros reflete também, parece-nos, a vontade de muitos outros realizadores de abolir totalmente a música de fundo. Para eles, ruídos mais ou menos organizados[10], associados ou não a trechos extraídos do acervo musical clássico (como, por exemplo, trechos de *La Traviata*, em *Trans-Europ-Express*, Quartetos de Beethoven em *Uma Mulher Casada*), podem e devem substituir uma convenção a seu ver inteiramente desacreditada. Essa atitude é defensável, se levarmos em conta o quanto o cinema falado abusou da música de fundo. Entretanto, recusar sistematicamente a possibilidade de total estilização sonora que a música representa significa privar-se um tanto arbitrariamente de um material que, se bem utilizado, poderia enriquecer incontestavelmente a obra cinematográfica. Chegamos mesmo a afirmar que sem o texto musical que integra sua trilha sonora, *Os Amantes Crucificados* seria um filme menor (porque, por mais emocionante que possa ser sua narrativa de Chikamatsu, sua plástica está longe de igualar a de *O Intendente Sansho* ou a de *O Haru – A Vida de uma Cortesã*), porque é exatamente a música que o torna quase uma obra-prima.

São poucos os filmes que podemos julgar assim. Poucos são os filmes em que a música integra organicamente a realização como um todo. Como vimos anteriormente, a música japonesa parece particularmente apropriada a essa

10. O procedimento oposto, pelo qual os elementos musicais, ou paramusicais, substituiriam certos ruídos, criando uma espécie de dialética dos materiais, muito explorado no início do cinema falado (sobretudo por Boris Barnet, em *Okraina* (*Periferia*), primeiro longa-metragem a utilizar uma sonorização fundada em sons artificiais, obtidos a partir de desenhos impressos na própria película ótica, e um pouco por Sternberg em *The Saga of Anatahan*, parece hoje provisoriamente abandonado, salvo em alguns filmes puramente experimentais. Entretanto, trata-se de uma interação dialética rica em possibilidades, procedimento que, temos certeza, voltará a ser novamente explorado.

integração[11], o que se deve, cremos, a seu caráter extremamente elástico e "aberto" (que não conhece, no mesmo nível que a música clássica ocidental, a "tirania das medidas", nem se limita às estruturas tonais), que lhe permite uma adaptação muitíssimo mais flexível aos ritmos eminentemente "mensuráveis" da ação e da montagem. Por mais estilizada que seja, é uma música que parece viver uma existência mais livre, mais empírica, mais próxima da vida das imagens.

Por outro lado, como observamos a propósito de *Os Amantes Crucificados*, um grande número dos timbres utilizados na música japonesa tem parentesco com os "ruídos reais", o que facilita esse tipo de interação orgânica entre ruídos e música de que falamos.

Mas que conclusões o cineasta ocidental pode tirar de tais observações? É evidente que a utilização pura e simples da música japonesa não é, via de regra, uma realidade em nossos filmes. Entretanto, é significativo que a música japonesa só se tenha tornado realmente acessível aos ouvidos ocidentais após o surgimento da música atonal, e que os jovens músicos dodecafônicos tenham descoberto um profundo parentesco com a música clássica japonesa, o que jamais teria acontecido a algum músico ocidental antes de Debussy.

Falando claramente, a música dodecafônica, a mais "aberta" na história da música ocidental, com sua liberdade rítmica sem precedentes, utilizando todos os timbres que os músicos clássicos consideravam ruídos vulgares, parece-nos de longe a mais apropriada à interação orgânica e dialética com todos os outros elementos sonoros "reais" e com a imagem filmada. A música tonal, com suas formas pré-estabelecidas, com suas fortes polaridades harmônicas e com sua gama de timbres relativamente homogênea, pode apenas representar uma continuidade autônoma, paralela à imagem, se executada entre diálogos e ruídos[12], bem como

11. A esse respeito ver, além dos filmes de Mizoguchi que já citamos, *Enjo* (*Le brasier*), de Kon Ichikawa e *Les fleurs tombés*, de Ishida.

12. Há algumas exceções a essa regra que nos parece realmente genérica. A mais notável é a música de Giovanni Fusco em *Crimes*

um sincronismo do tipo desenho animado. A música serial, ao contrário, oferece uma abertura muito maior; em seus intervalos, pode abrigar naturalmente todos os outros elementos sonoros; pode idealmente complementar tanto as estruturas "irracionais" da imagem bruta, como as estruturas "mais racionais", criada pela decupagem. Enfim, foram os músicos dodecafônicos, a começar por Webern, que fizeram do silêncio um componente essencial da música. Após um longo período, no qual os filmes sonoros (falados e com música) parecem ter corrido do terror (ou quem sabe, da memória) do silêncio, os jovens realizadores começam a tomar consciência do papel dialético que este pode desempenhar junto a todos os tipos de som. Chegam mesmo a fazer a distinção (sutil, porém essencial) entre as diferentes "cores" do silêncio (silêncio na pista de som, silêncio produzido em estúdio, silêncio campestre etc.) e entrever o partido que podem tirar dele (como é particularmente o caso em *Duas ou Três Coisas que Eu Sei Dela*, de Jean-Luc Godard).

O leitor pode pensar, com razão, que este capítulo é mais esquemático que os demais. Isto porque, achamos, ele talvez devesse ter sido escrito dez anos mais tarde, porque, repetimos, o som cinematográfico está muito atrasado. Mesmo nos filmes mais "avançados" do cinema contemporâneo (*Une simple histoire, Ano Passado em Marienbad, Não Reconciliados, Persona* [*Quando Duas Mulheres Pecam*]), o som desempenha o papel do "primo pobre", sendo mínima sua participação nas pesquisas de novas formas, se considerarmos suas inerentes possibilidades. Ainda por cima, os poucos experimentalistas capazes de remediar este

d'Alma. A utilização de dois instrumentos com sonoridades fortemente opostas (um saxofone e um piano, a maior parte do tempo usados separadamente), e um estilo musical muito próximo da própria decupagem – e mesmo dos diálogos –, enfim, um discurso musical extremamente sutil, no qual os temas quase que se reduzem a intervalos, repetidos em todas as tonalidades e em combinações possíveis, chegam a criar relacionamentos "gráficos" entre a música e o filme, constituindo uma de suas principais fontes de unidade.

estado de coisas, até hoje, não têm podido dispor dos meios necessários para fazê-lo. Para a produção de um filme de custo médio, organizar integralmente uma trilha sonora, em função tanto dela mesma como da imagem, criar e controlar todos os elementos que compõem o som (como, por exemplo, fabricar sons ambientais de rua a partir de sons isolados), significa dobrar, em seu orçamento, a rubrica relativa a "som". Ora, é natural que esses requintes pareçam inúteis às pessoas que financiam um filme. Por isso, achamos que o futuro do som é sombrio. Mas, ainda assim, esperamos que bons pesquisadores consigam desenvolver novas experiências, capitais para o pleno desenvolvimento das potencialidades do cinema em matéria de som.

III. ELEMENTOS PERTURBADORES

7. FUNÇÕES DO ACASO

A noção de "acaso" está muito em voga na arte contemporânea. Mas, como todas as modas, encobre uma preocupação mais séria, que esclarece singularmente uma das tendências fundamentais do pensamento artístico atual: o conjunto de métodos utilizados para contestar a unicidade tradicional da obra de arte ocidental, para questionar o papel de demiurgo sagrado e intocável até então desempenhado pelo artista. Mas, além de seu caráter de vanguarda, essas tendências refletem uma impaciência muito difundida, apesar de confusa, diante de uma tradição solidamente ancorada, a da obra "fechada", em oposição à obra "aberta" que elas representam.

Mas, em cinema, o que significam os termos "acaso" e "obra aberta"? Em literatura, teatro, pintura, dança e, sobretudo, na música, têm significado, entre outras coisas, a brusca irrupção, em um mundo totalmente artificial, de um universo de contingências mais ou menos "naturais", que *a priori* lhe é inteiramente estranho. Este fenômeno repete-se no cinema, mas de uma outra forma, como veremos mais adiante. Passaremos a analisar rapidamente a noção de acaso em uma outra arte, a música, sem entendermos com isso que se possa transpor diretamente para o cinema um procedimento aleatório. Nosso objetivo é simplesmente observar a natureza geral da noção de acaso e, sobretudo, quais os possíveis padrões de interferências entre universos aleatórios e determinados. Se escolhemos o acaso musical, em detrimento do pictórico, literário ou coreográfico é porque a música permite examinar melhor a questão em termos abstratos, abrindo-nos o caminho para a aplicação mais concreta de algumas dessas noções ao cinema no decorrer deste capítulo. Ainda, os músicos são, sem sombra de dúvida, os que mais sistemática e profundamente se envolveram com esta problemática.

Afirma-se freqüentemente que os músicos contemporâneos procuram introduzir o "acaso" em sua obra. Na realidade, trata-se simplesmente de uma das muitas técnicas aleatórias, talvez das mais dúbias ou, se assim o preferir o leitor, das mais radicais. Esses compositores dividem-se em dois grupos que, às vezes, se encontram. Primeiramente, aqueles que submetem à obra, à medida que são executadas, um mundo de contingências totalmente independentes da vontade do compositor e de seus intérpretes, e cujas relações com ela são, por conseguinte, "fortuitas". É o caso de John Cage, com seu "piano preparado", por exemplo, ao colocar diversos objetos nas cordas do instrumento para que, ao se deslocarem durante a execução, deformem sua sonoridade de uma maneira absolutamente imprevista; alguns de seus discípulos alemães provocam reações da audiência, que passa a "incorporar" a obra em execução, um pouco como um *happening*. Como dissemos, trata-se da técnica mais radical, ou seja, o feliz e lúcido abandono pelo compositor de parte do "controle" consciente de sua obra.

Ora, outros autores sentem essa mesma tentação de "soltar as rédeas", porém com uma diferença crucial: preferem que, antes de encarar o público, sua obra receba o "sopro do acaso", ou seja, da mera contingência externa. Cage compôs *Music for Changes* jogando "cara ou coroa"; outros músicos contemporâneos, dos quais o mais conhecido na França é Ianis Xénakis, levaram esse tipo de experiência ao extremo de confiar certas operações de composição a um computador. Neste caso, trata-se da famosa noção de "acaso controlado", capaz de encobrir um bom número de posturas confusas. Quando um ouvinte perguntou a Xénakis se ele alterava deliberadamente os resultados obtidos pelo computador, este respondeu: "Sim, por razões estéticas"(!).

Mas, tratando-se de cinema, o que importa é observar o fascínio do "criador" em contemplar e "mostrar" objetos e materiais que não foram criados por ele e que, por esta justa razão, lhe parecem ainda mais belos, como por exemplo os *ready-made* de Marcel Duchamp. Importa particularmente sua satisfação em "retrabalhar" tais materiais, conjugando-os sabiamente com outros, de sua lavra, conferindo-lhes enfim o *status* de obra fechada, arrancando-os do acaso em que se originaram, sem contudo alienar sua originalidade quando transportados para um outro mundo, como as colagens de Max Ernst.

Porém, algumas indeterminações predominantes na música contemporânea, sobretudo porque são promovidas por alguns dos compositores mais respeitados, nada têm a ver com o acaso. Trata-se de indeterminações que entram na elaboração de obras abertas, passíveis de assumir múltiplas formas, seja pela distribuição das responsabilidades de criação, como o improviso dentro de limites pré-determinados, seja pela incorporação de "alternativas", como obras multifacetadas, que pressupõem implicitamente diversas interpretações, com movimentos interativos, ou ainda, mais freqüentemente, pela combinação das duas formas.

Em outros momentos, estabclecemos paralelos entre as estruturas essencialmente virtuais do cinema e as efetivamente empregadas pela música dodecafônica. Porém, quase sempre antecipando possíveis objeções, tivemos o cuidado de afirmar que tais paralelos tinham um alcance limitado, que não deviam ser tomados ao pé da letra. Acreditamos que a análise das indeterminações nos permite melhor definir a oposição entre o mundo perfeitamente abstrato da música e o mundo simultaneamente concreto e abstrato do cinema, oposição que deve ser considerada ao se traçar qualquer paralelo entre as duas artes. O relativo grau de "pertinência orgânica" dos dois tipos de indeterminação (intervenção direta do acaso, controlado ou não, e obra multifacetada), no cinema, parece ser rigorosamente oposto ao da música. A obra multifacetada, com ou sem participação de solista, é a extensão organicamente lógica do estilo dodecafônico em geral e, através deste, de toda a história da música ocidental. Esta concepção não quebra nenhuma continuidade fundamental, ao passo que a intervenção "provocada" de elementos totalmente fora de controle, vindos do outro lado das paredes acusticamente isoladas das salas de concerto e de outros santuários da música, constitui, sem dúvida nenhuma, um ato de "subversão" dos fundamentos da arte musical, ou daquilo que ainda podemos chamar de seus fundamentos. O acaso, na forma como o abordamos, é um corpo estranho cuja introdução na música é forçada[1].

No cinema acontece o contrário. Pelo pequeno número de adeptos que tem, a obra aberta é que representa o corpo estranho. Pode-se dizer que isso se deve a dificuldades técnicas que nada têm a ver com o conteúdo, o que é em parte verdade, embora esses problemas não sejam insuperáveis e possam ser facilmente resolvidos. A projeção aleatória de dois filmes simultaneamente em uma tela, ou em duas telas justapostas, já foi feita em Nova York, mas trata-se de uma experiência inconseqüente, uma espécie de absurdo extremo e deliberado. É possível conceber-se mais seriamente um filme multi-facetado, com movimentos interativos, utilizando diferentes montagens de um mesmo material, por exemplo, ou ainda, através de gravação em vídeo de obras com várias leituras, incorporando algum tipo de improvisação técnica no momento de sua gravação (realização). Mas, se tais experiências já foram desenvolvidas, não tiveram maior projeção. Assim, mesmo com o risco de incorrer no pragmatismo que combatemos, diremos que a noção de

1. Não se trata aqui, é claro, do limitado uso que se faz do acaso, para escolher entre os vários itinerários possíveis (como faz Pousseur, tirando a sorte).

unicidade de um filme parece-nos hoje tão fundamental para uma definição do cinema, como a necessidade de proteção dos barulhos exteriores é fundamental para a música. É possível que após uma dezena de séculos de obras fechadas, este conceito de música esteja se esgotando. Mas o conceito de obra cinematográfica tem apenas algumas décadas, e seria surpreendente se tivéssemos que mudá-lo, apenas para acompanhar o desenvolvimento de artes mais antigas, ou para fazer jus a títulos de nobreza ainda não merecidos, sobretudo porque começa a surgir um tipo de cinema com as características que delineamos, uma obra ainda fechada, é certo, mas com uma complexidade e uma riqueza sem precedentes na história das artes.

Por outro lado, enquanto o acaso surge como um "intruso" no mundo da música[2], ele está, e sempre esteve, inteiramente em casa no cinema. Os cineastas tiveram que aceitá-lo, de qualquer jeito, desde o início. Aliás, nos primórdios do cinema, o acaso reinava absoluto: Lumière instala sua câmera na plataforma da estação de La Ciotat e espera a chegada do trem. Quando este aparece, ele gira a manivela, mas é o acaso que controla inteiramente a realização. A ação do filme compreende basicamente gestos e movimentos *imprevisíveis* dos passageiros que descem do trem e das pessoas que os esperam na plataforma. Contudo, nesse filme, um dos primeiros da história do cinema, Lumière começa a *luta contra o acaso*, que caracterizaria quase todo o cinema nos sessenta anos seguintes. Ao escolher a posição da câmera antes do aparecimento do trem, ele pré-determina o comportamento plástico de um dos elementos da imagem (o próprio trem), já que se trata de um elemento absolutamente previsível. Estabelece, assim, literal e figuradamente, um enquadramento que, forçosamente, delimitava a área em que se desenrola o resto da ação, aliás, imprevisível. Além dessa luta cega e intransigente contra o acaso, ele dá o primeiro passo para seu *controle*. Ao mesmo tempo, Lumière filmava acontecimentos totalmente previsí-

2. Parece que também na literatura e nas artes plásticas, apesar de nossa pouca competência nesses campos.

veis, como um *L'arroseur arrosé* e outros filmes do gênero. Um grande passo adiante, mantendo, tanto quanto possível, fora do campo, o acaso, relegado a um distante espaço em *off* do qual só ressurgiria, timidamente, sessenta anos mais tarde. Lumière inaugurava a realização cinematográfica.

A batalha contra o acaso não foi ganha em um dia. Era preciso ganhá-la sob todas as suas formas e, em alguns casos, isso só foi possível com o desenvolvimento técnico. Paulatinamente, em todo caso, o estúdio tornou-se o refúgio de uma arte que procurava fugir de um mundo imprevisível, ao oferecer condições para um controle cada vez mais perfeito, com o apoio de técnicas cada vez mais desenvolvidas. Pode-se dizer que, em matéria de técnica de realização, esses progressos levaram o cinema inglês a adotar o "quadro autônomo" (*independent frame*), que confinava atores e técnicos ao estreito limite do *storyboard*. Por sua vez, os cenários, particularmente no cinema americano, adaptavam-se aos efeitos especiais, cada dia mais aperfeiçoados (transparências, pictografia, retroprojeção e outras técnicas que permitem filmar separadamente personagens e fundos). Essas novas técnicas permitiam que se abandonassem as filmagens fora de estúdio onde, às vezes, o domínio do acaso podia custar milhões. É interessante notar que essa conquista, ou melhor, esse banimento do acaso, caminhou junto com a progressiva entronização da noção de grau zero do estilo cinematográfico, que visava tornar a técnica invisível e eliminar quaisquer "falhas" devidas a interferências do acaso. Como veremos posteriormente, não foi por coincidência que na história do cinema a redescoberta do acaso e a redobrada recusa desse "grau zero" ocorreram quase simultaneamente.

Talvez tenha ficado a falsa impressão de que consideramos todos os cineastas pós-Lumière ferrenhos inimigos do acaso, e que só cederam a ele contra sua vontade. Apesar da função mais criativa do acaso, a que incide na forma, ter sido apenas recentemente compreendida por realizadores como Godard e Rouch, alguns cineastas excepcionais já haviam previsto sua função na sintaxe cinematográfica. Desde 1920, pelo menos, encontramos realizadores que, em vez de controlar o acaso, tentaram subordinar sua câmera ao mundo aleatório que chamavam de "realidade". Foram os primeiros grandes documentaristas: Dziga Vertov, Joris Ivens, Walther Ruttman, Alberto Cavalcanti e outros. Porém, nem eles, nem os historiadores contemporâneos "de esquerda" ousariam chamar *L'entrée d'un train en gare de La Ciotat* de um filme aleatório: para todos eles, trata-se apenas de um dos primeiros filmes-testemunho. Essa é uma questão de vocabulário, mas sobretudo uma questão de orientação ética. No momento em que se tinha uma Revolução por fazer na União Soviética (em outros países ela ainda ia ser preparada), seria impossível deter-se explicitamente nas implicações estéticas da fixação do imprevisível, da transformação do acaso em objeto; não, os filmes têm um objetivo preciso, uma função social, são a janela do mundo etc. Entretanto, pode-se perceber que Dziga Vertov não conseguiu vencer a "culposa" atração esteticista, sobretudo a julgar pela notável experimentação plástica que desenvolveu no filme de propaganda *Enthousiasme*.

Essa atração é perfeitamente compreensível, porque Dziga Vertov foi antes de tudo um *montador*, bem como, em grau menor, todos os grandes criadores do cinema mudo soviético. E é o montador quem primeiro pode contemplar, na tranqüilidade de uma sala de montagem, os extraordinários materiais – capturados na película – que o mundo do acaso oferece ao poder criador de sua tesoura. Mesmo em filmes integralmente "encenados", é o montador quem percebe pequenos detalhes acidentais, alheios à vontade do diretor, que não os notou durante a filmagem, capazes de garantir a articulação de um ou outro plano.

Conscientes disso, alguns cineastas passaram a abordar a realização de um outro ângulo, particularmente as cenas de ação. Através da escolha das lentes e da posição da câmera, podiam delimitar no campo os acontecimentos parcialmente controláveis. Faziam-no de maneira que daí resultassem, premeditadamente, materiais com múltiplo aproveitamento, com tantas possibilidades de montagem que a reestruturação da ação através da montagem transformava-se no principal campo de ação do realizador, momento em que sua vontade podia ser exercida com uma liberdade tão maior quanto maior fosse o leque de possibilidades que ele tivesse diante de si. Em *Stachka* (*A Greve*), na seqüência do incêndio, não lhe sendo possível controlar os detalhes da composição da imagem (hipótese praticamente impensável diante da realidade da cena), Eisenstein filmou de ângulos cuidadosamente escolhidos, de maneira a obter inúmeras possibilidades de montagem a partir das imagens que ele "provocou" (pela inversão dos ângulos formados pelos jatos d'água, ou pela oposição dos movimentos da multidão, por exemplo). Seria possível "encenar-se" essa mesma ação, plano a plano. Neste caso, porém, não apenas o desempenho dos participantes teria menos força de expressão, como sobretudo a montagem seria infinitamente menos rica e sutil. Nesse tipo de situação, o acaso pode oferecer, com efeito, soluções de montagem mais sutis e complexas do que todas as que pudessem ser concebidas pelo realizador (pelo menos naquela época). Em *Outubro*, na seqüência em que opulentas senhoras burguesas vestidas de renda furam com guarda-chuvas os olhos de um jovem marinheiro, Eisenstein aproximou a câmera até muito perto da ação, sabendo que além da beleza intrínseca desse tipo de plano, surgiriam, do turbilhão caleidoscópico de silhuetas em movimento, vestidos esvoaçantes e sangue a gotejar, uma sucessão de acontecimentos perceptíveis em todos os detalhes após a revelação do filme, mas que o operador de câmera não pode percebe através do visor, como uma cobra atravessando o campo em dois fotogramas ou um fugaz campo luminoso com duração de décimos de segundo etc. Esses acidentes lhe permitiriam cortar para outro plano, através de uma inter-relação plasticamente satisfatória, em quase todos os fotogramas. Afrouxando o controle durante as filmagens, abandonando certas prerrogativas ao acaso, o realizador pode, durante a montagem, recuperar cem vezes as prerrogativas perdidas, como se apanhasse o acaso em uma "armadilha". O acaso reinou absoluto diante da câmera, através da interpretação mais ou menos improvisada dos atores, a câmera "fixou" tudo em seqüências de dezesseis fotogramas por segundo e, depois, o realizador pôde fazer sua "escolha" dentre as várias possibilidades de montagem. O fato de as possibilidades serem muitas permite-lhe dominar o acaso, em vez de ser dominado por ele, o que não seria possível se, por exemplo, a cena tivesse sido filmada em um único plano de conjunto.

Tudo isso pode parecer elementar: o cinema, dirão, compreende sempre esses compromissos entre o acaso e a vontade do autor, e isso é verdade. Mas é tudo uma questão de graus... e de abordagem. Há, de um lado, aqueles que sempre procuraram eliminar ao máximo o acaso. De outro, há também os que absorveram o acaso, mas nem todos com o mesmo espírito. Inicialmente, há os que absorveram o acaso apenas aparentemente: na realidade, sua principal preocupação era eliminá-lo também, erigindo substitutos em seu lugar. É o caso dos documentaristas ingleses do G.P.O. (*General Post Office Film Unit*), cujos filmes nos revelam sobretudo imagens falsamente filmadas "ao vivo". Não que se tratasse de reconstituições de cenários, personagens, pois estes eram reais, mas os carteiros triando correspondência no trem para Glasgow representavam seu próprio papel para a câmera, em planos cuidadosamente iluminados e "dirigidos". Em seguida há os que, como a maioria dos diretores hollywoodianos, absorviam o acaso de uma maneira puramente empírica, quando não oportunista. Aprenderam com os russos que as cenas de ação violentas ou muito movimentadas ganham muito se filmadas segundo o método "probabilístico", e seguiram seu exemplo. Mas, o pragmatismo dos americanos levou-os a usar o mesmo modelo de abordagem para situações nem sempre igualmente favoráveis. Desenvolveram o método estereotipado de campo e contracampo, que parecia dar uma liberdade suplementar na fase de montagem, sobretudo quando se tratava dos intérpretes (a cena era filmada várias vezes, de vários ângulos e com várias distâncias focais). O certo é que, apesar de tudo, esse método oferecia um número restrito de possibilidades plásticas na montagem, por eliminar quase todas as relações de real interesse, em cenas que teriam melhor aproveitamento se os planos fossem decupados e filmados de forma mais complexa, já que é sempre possível resolver problemas de interpretação através de um maior número de tomadas. Percebemos, neste caso, como a noção de grau zero do estilo determinou uma atitude específica diante do acaso. Com efeito, há uma tradição cinematográfica que se diz favorável à interferência do acaso, não o considerando, porém, um *conjunto de acontecimentos de todo tipo*, manifestos, dramática ou plasticamente, passíveis de serem "fixados" e enquadrados na película, senão algo que diz respeito apenas à representação, aos atores. O campo e contracampo americano foi e continua sendo um método concebido para se filmar os atores de qualquer ângulo, para se estabelecer uma composição formal de complexidade mínima, dentro da qual eles podem chegar à total improvisação (provavelmente, os Irmãos Marx foram os que melhor tiraram partido da liberdade de ação desse método).

Podemos afirmar que durante quase trinta anos a questão do grau de controle do objeto filmado girou apenas em torno do "conteúdo", ou seja, do ator e do texto, e isso tanto valia para um diretor "X", que deixava seus atores improvisarem um pouco, como para um diretor "Y", que preferia filmar seus atores na rua, escondendo a câmera para que as cenas parecessem mais "reais"[3]. Parece que a noção eisensteiniana, segundo a qual o acaso pode interferir, em matéria de cinema ficcional, tanto na "forma" quanto no "conteúdo", não interessou a mais ninguém além do próprio Eisenstein. Mesmo em seus filmes falados, aparentemente menos experimentais que os mudos, sempre que se deparava com um material que lhe escapasse um pouco ao controle, Eisenstein, a partir desse primeiro material "real", criava um novo e extenso material, "fílmico". Esgotava todos os ângulos e distâncias focais possíveis em torno desse fragmento de acaso[4], apenas com uma idéia muito geral de como essas opções poderiam se inter-relacionar. A real articulação dos planos era determinada em grande parte pelos inúmeros "acidentes" da imagem que só se revelariam mais tarde, na mesa de montagem.

Fora do cinema de ficção, porém, essa abordagem foi adotada por muitos documentaristas escandinavos e anglo-saxões, que passaram assim a abordar a realidade mais ou

3. Em noventa por cento dos casos, esse "realismo" desaparece parcialmente com a dublagem e a mixagem.

4. Como o demonstram os trechos não editados de *Que Viva México*.

menos incontrolável que escolheram para filmar. Na realidade, porém, mais pareciam montadores de cine-jornais, por não assumirem, durante as filmagens, a pré-concepção da montagem tal como praticada pelo mestre russo, deparando-se na sala de montagem, por fim, com um material insuficientemente "pré-determinado". Assim aconteceu com quase todos os realizadores que tentaram utilizar o método eisensteiniano para montar cenas de batalha. É um pouco por isso que seus filmes têm quase sempre um ar de gratuidade, onde estruturas por vezes muito complexas enxertavam-se em um discurso de um simplismo inaudito. Para Eisenstein, ao contrário, a poesia das estruturas era parte essencial do discurso cinematográfico, particularmente nas seqüências com intervenção do acaso "controlado", nas quais realização e discurso pareciam sobrepor-se (como ilustra a famosa batalha no gelo de *Os Cavaleiros de Ferro*). Evidentemente, Eisenstein só trabalhava a partir de materiais que pudesse em parte controlar, e essa noção de controle parcial era básica para seu método. É difícil imaginar o criador de *Ivan, o Terrível* descendo uma rua com a câmera na mão! Por essa razão, o paralelo que sugerimos entre Eisenstein e os documentaristas dos anos trinta pode parecer insólito, quando não injusto para com os últimos (que, aliás, realizaram filmes muito respeitáveis). Mas o fato é que, certo ou errado, aqueles documentaristas foram os únicos realizadores ocidentais que receberam influência de Eisenstein e dos grandes cineastas russos[5], além de terem sido os únicos que os erigiram como mestres. Foram necessários muitos choques, inclusive o da televisão, para que os cineastas descobrissem os muitos e vantajosos partidos que poderiam tirar desta descoberta: *o material cinematográfico é sempre mais ou menos refratário*.

Afirmamos que por mais de cinqüenta anos o cinema se esforçou em eliminar, na medida do possível, o mundo das contingências vividas, ou seja, o mundo do acaso. O in-

5. Por outro lado, foi grande a influência russa no cinema japonês, pelo menos nos anos trinta (na obra de Ozu, é claro, e na de outros praticamente desconhecidos no Ocidente).

teresse em dirigir a câmera para esse mundo incontrolável é bem recente, não apenas com objetivos éticos e informativos, mas também com a consciência de que desse confronto podem nascer estruturas e mesmo formas novas, quando o material obtido é elaborado na montagem, após ter sido pré-determinado já na filmagem, sem que se altere sua natureza profundamente aleatória (o que os documentaristas do passado não conseguiram fazer), e quando é associado a outros materiais totalmente pré-planejados. Trata-se de uma nova visão da interação dialética entre os diferentes tipos de materiais, como a praticada por Godard, e à qual nos referimos no Cap. 4. Apenas, é examinada aqui de uma perspectiva um tanto diferente.

Uma das descobertas mais importantes advindas da televisão é que a relação da câmera com a realidade aleatória, imperfeitamente controlável e "espontânea", não é a mesma do espectador. A câmera pode ser um interlocutor. Nasce assim o cinema-direto, com todas as suas tendências e, com ele, um mundo com formas narrativas inteiramente novas, *introduzindo mudanças no papel da câmera* (passando de interlocutor a espectador passivo, de "provocador" a condutor absoluto dos acontecimentos), como princípio estrutural e formal do discurso cinematográfico.

O filme de Shirley Clarke, baseado na peça *The Connection*, apresenta um exemplo *simulado* desse tipo de mecanismo (simulado porque a câmera é sempre um falso interlocutor, e duvidamos que em algum momento se tenha realmente improvisado diante dela). Mas, a forma do filme deriva das possibilidades reveladas pelo "verdadeiro" cinema-direto e, sob esse ângulo, é bastante instrutiva: por exemplo, em um plano de grande conjunto muito longo, em que o ponto de vista é o da câmera (*câmera-autor*), um ator volta-se rapidamente para a objetiva e pega o operador de câmera, de forma que no mesmo plano a câmera muda de papel (tornando-se *interlocutor*). Depois, ela torna-se *espectador passivo*, quando o operador de câmera fuma maconha e a objetiva vaga pelos muros. A dimensão dessa experiência ultrapassa a peça, e mesmo o filme; parece que deu alguns frutos na Europa, particularmente em *L'amour fou*, de Jacques Rivette, que sabemos ser admirador de Shirley

Clarke. Rivette ainda foi mais longe, utilizando mudanças reais.

O uso que Jean Rouch fez das mudanças nas relações entre câmera e personagens é muito complexo, e sua análise, após o filme terminado, é muito problemática. A sólida estrutura de *Moi, un noir* sublinha a natureza aparentemente aleatória do material original, por causa da qualidade de "acabamento" do espetáculo a que assistimos. Longe de ser homogêneo, esse material tem vários níveis de autenticidade, combinados com uma categoria sem precedentes (1959). A imagem (filmada sem som) compõe-se de cenas ora mais ou menos dirigidas, ora mais ou menos improvisadas, ora mais ou menos realmente vividas. Nos dois primeiros casos, tem-se consciência da presença da câmera, enquanto que no terceiro a câmera é ora ignorada, ora esquecida (cena da bebedeira). São transições contínuas de um tipo de relação para outro, por vezes no interior de um mesmo plano, resultando em uma espécie de trajetória de percepção visual extremamente rica. E não é tudo. As relações entre os atores e sua imagem filmada são objeto de mudanças semelhantes, durante a gravação. Ora esquecem-se da presença do microfone, que se torna "espectador", ora lembram-se dele, que se torna "interlocutor". É em torno dessas interações constantemente móveis entre as personagens e os instrumentos que os registram que se articula o desenvolvimento formal de *Moi, un noir*, um dos mais notáveis exemplos que conhecemos da utilização do acaso como componente estrutural.

No rastro dos pioneiros franceses, alguns realizadores do *underground* americano dedicaram-se a esse fenômeno de mudança de papel da câmera. Além do filme excepcional de Shirley Clarke, o resultado mais interessante é o filme de Andy Warhol, *Chelsea Girls*. Filme *underground* que bateu recordes de bilheteria em um cinema de arte de Nova York, constitui sem dúvida um dos mais radicais exemplares de "psicodrama" filmado (Edgar Morin e Jean Rouch foram "apóstolos" acadêmicos desse tipo de proposta em *Chronique d'un été*). Sua grande originalidade deve-se à câmera, ora espectador, ora interlocutor, ora agente de "distanciamento" através de panorâmicas e *zooms* irregulares, ora simplesmente diretor, através de sua utilização e posicionamento convencionais. Através das mudanças de papel da câmera percebemos a ambivalência das próprias personagens (a bela moça que parece um travesti, será um travesti realmente, ou bem uma lésbica que brinca de travesti, ou ainda uma mulher "normal" representando uma lésbica, que representa um travesti, ou então...?)[6] O filme é um contínuo jogo de máscaras no qual é difícil para o espectador distinguir o que é improviso (dirigido ou espontâneo), o que é representação ou mesmo diálogos realmente pré-estabelecidos. Talvez por causa dessa constante ambigüidade em todos os níveis, *Chelsea Girls* possua um raro grau de tensão que se mantém ao longo de quase todos os seus doze planos-seqüência. Em certos momentos, essa tensão aumenta consideravelmente, pelo fato de cada um dos planos-seqüência durar todo um "chassis" (de trinta minutos). Essa continuidade fora do comum torna possíveis certas mudanças de papel da câmera (que passa, por exemplo, de espectador a torturador, quando um afoito participante do psicodrama se debruça no marcador de pés da câmera para verificar se seu suplício está acabando), mas teria sido possível, certamente, ser menos sistemático (através de cortes "invisíveis", por exemplo), sem contudo alterar a base desse belo jogo de máscaras.

Quanto à forma "aberta" assumida pelo conjunto do filme (dois rolos projetados simultaneamente em duas telas justapostas, com uma alternância relativamente aleatória das trilhas sonoras), nós a consideramos elementar, se comparada à riqueza e à complexidade do material originado pelo jogo de máscaras a que acabamos de nos referir; da justaposição fortuita das duas imagens, nós só conseguimos reter alguns efeitos plásticos mais significativos, apesar de isolados. A esse respeito, o filme confirma de uma certa forma nossa afirmação inicial de que, se no cinema as ligações com o verdadeiro acaso podem ser proveitosas, a

6. Esse princípio já aparecia em *Moi, un noir*, cujas personagens identificavam-se episodicamente com Edward G. Robinson, Lemmy Caution e Dorothy Lamour.

forma aberta é hoje totalmente irrelevante perto de seus verdadeiros problemas.

O acaso interfere também em *Chelsea Girls* de uma outra maneira, igualmente fascinante. O sentimento de que existe um mundo realmente incontrolável além dos limites da tela (ou seja, dos limites do mundo projetado, interessante porque não sabemos até que ponto é ou não é controlado) desempenha no filme um papel intermitente mas poderoso, acabando por integrar-se perfeitamente no jogo de máscaras durante uma das seqüências finais (quando uma briga aparentemente real bifurca o jogo, levando-o para fora da tela durante alguns longos minutos). Pode-se observar que em última análise o mundo do acaso, que se procura relegar a um canto perdido do espaço em *off*, parece ser mais palpável quando acontece sem acontecer, quando perambula por todo o quadro sem entrar nele (o som anuncia-nos sua aproximação!). Quando surge na tela, inaugura um processo de integração. Fixada pela fotografia, essa realidade em princípio incontrolável (de qualquer forma, descontrolada) integra-se em um universo mais palpável, não pela natureza mais realista do som ou mais estilizada da imagem, mas pela "ameaça" inerente a tudo que é invisível (em *off*) e fora de controle (os filmes de terror são um exemplo disso). Sobretudo quando compreendemos que a falta de controle não é simulada (como nos filmes de terror), mas inteiramente real, que qualquer pessoa pode realmente surgir desse espaço em *off*. Em suma, quando assistimos a imagens, que habitualmente julgamos controladas por alguém (pelo diretor, pelo operador de câmera, pouco importa), e ouvimos simultaneamente em *off* o seu oposto, ou seja, os componentes de um universo não-controlado, experimentamos os efeitos de uma tensão verdadeiramente dialética. Mas, no momento em que um fragmento do mundo não-controlado "entra em cena" (mesmo que tenha sido convidado), ele só conserva as características de um corpo estranho por alguns segundos, pois este se dilui à medida que esse elemento (a personagem) se integra em qualquer ação em jogo. Por outro lado, uma personagem que sai de quadro falando ou fazendo barulho parece permanecer perfeitamente integrada no mundo relativamente mais controlado da tela, levando esse mundo para o espaço em *off*. Esta é sem dúvida uma das grandes lições de *Chelsea Girls*, sugerindo um outro parâmetro complexo que envolve, ao mesmo tempo, a dialética dos materiais, dos papéis da câmera e das relações entre o espaço em *off* e o espaço da tela.

Chegamos, finalmente, a Jean-Luc Godard cuja obra, a partir de *Uma Mulher Casada*, articula-se essencialmente em torno da alternância de papéis da câmera (e, em última análise, do espectador) diante das personagens e vice-versa. Neste filme, as alternâncias entre a câmera *interlocutor*, a câmera *espectador passivo* e a câmera *condutor da ação* são bem delimitadas: uma cartela numerada indica quando ela se torna *interlocutor*; quando ela se torna *condutor da ação*, o indicador é a estilização exagerada dos enquadramentos. Mas, como costuma acontecer nos filmes de Godard (e é aí que o jogo de máscaras ganha importância), é difícil determinar o grau de improvisação dos atores nas outras cenas e, exatamente devido ao peso da improvisação no filme, essa incerteza assume uma importância que ela não teria, digamos, em um filme de Joseph Mankiewicz.

Em *Duas ou Três Coisas que Eu Sei Dela*, essas ambigüidades intervêm mais sistematicamente constituindo uma das principais tramas do filme. Aí, as relações entre as personagens e a câmera podem mudar a todo momento. As vezes mesmo no meio do plano (como, por exemplo, a fantástica seqüência em uma butique, quando os apartes das vendedoras e das freguesas integram-se admiravelmente em imagens de uma complexidade coreográfica) ou até no meio de uma réplica (como, por exemplo, o monólogo de Marina Vlady no cabeleireiro). Às vezes, a transição é óbvia; outras, só são perceptíveis no tempo; outras ainda, dificilmente podem ser determinadas, apesar de sua passagem ser de alguma forma pressentida.

Godard às vezes parece perder de vista as possibilidades estruturais e formais (quer dizer, estéticas) desses jogos de máscaras. O mínimo que se pode dizer é que em *La chinoise* (*A Chinesa*) esses procedimentos se reduzem à expressão mais simples. Porém, a contribuição de Godard ainda é imensa: é particularmente provável que sem ele não poderíamos formular as diretrizes deste capítulo.

Agora, por que esconder dos leitores as inquietações que sentimos ao desenvolver estas idéias que, às vezes, nos parecem abstração metafísica? Este capítulo talvez seja o mais importante do livro, pois mesmo que estas páginas só contenham uma verdade, ela é uma verdade capital: o material cinematográfico é sempre refratário. O material cinematográfico é particularmente refratário a todos os sistemas de pré-concepção[7]. Será que é preciso renunciar, como pretendem alguns, a qualquer noção de forma e de estrutura pré-concebida? Será que o resto do livro já estará ultrapassado? Será que a criação cinematográfica deve ser sempre empírica? Achamos que não.

Mesmo que nossa abordagem não seja convincente, é indispensável que se encontre uma maneira de considerar esse caráter essencialmente refratário como parte do processo de conceituação que antecede a filmagem. Se se pretende um filme absolutamente rigoroso, em todos os níveis, é preciso que sua forma final tenha considerado a função do acaso *já na decupagem* (e não apenas na moviola, ou ao rodar determinadas cenas exteriores), tanto ao nível da linguagem (abordagem eisensteiniana), quanto ao nível da forma (contribuição do cinema-direto). Parece haver uma espécie de princípio heisenberguiano de indeterminação entre os cineastas e a realidade filmada: é impossível posicionar a câmera sem modificá-la; é impossível até mesmo pen-

7. Com exceção, em princípio, do cinema de animação. O caso de McLaren é bem significativo: nos filmes de sua "grande" fase, o famoso canadense escolheu deliberadamente uma técnica (desenho direto na película) que trazia para a imagem um elemento aleatório, incontrolável, que se consideraria normalmente um "defeito técnico". Era, a instabilidade dos signos que caracterizou sua obra nessa época. O mesmo acontece com alguns realizadores do *underground* americano, que se comprazem com imagens desfocadas ou superexpostas, pensando estar assim fugindo da *perfeição técnica* (que para eles é um conceito do século XIX) e do controle absoluto do artista. A intervenção de McLaren, pelo menos, funciona como um colorido, uniforme, porém não desagradável em pequenas doses, enquanto que no cinema desses realizadores americanos, maus aprendizes do acaso, raramente os *defeitos* se transformam em componentes estéticos.

sar nela sem alterá-la, porque a realidade é, por natureza, alheia aos artifícios próprios a seus instrumentos. Eles filmam a vida. Assim, como os físicos modernos diante de certas partículas elementares, os cineastas devem considerar (talvez, quem sabe, combinando um dia as abordagens de Eisenstein com as de Godard!) esse inevitável hiato entre eles próprios e seus instrumentos de um lado, e a própria vida de outro, de forma a conseguir manobrar a vida em seus filmes, moldando-a em uma obra que será, assim, a nosso ver, ainda mais rica.

8. ESTRUTURAS DE AGRESSÃO

Em capítulos anteriores, chegamos a falar do efeito de *mal-estar* causado por certos tipos de *raccords*, até há alguns anos considerados "falsos", mas que para nós poderiam integrar uma conceituação mais ampla e não normativa da decupagem, da qual seu grau e natureza seriam parâmetros. O mal-estar provocado pela *desorientação* ("falsos *raccords*" de olhar, de posição ou de direção, por exemplo), cujos vetores são incontestavelmente "controláveis", pode ser conduzido de forma a resultar em um novo tipo de orientação, suscitando um tipo de estrutura que chamamos de "ligação com efeito retardado". Na mesma ordem de idéias, falamos da importância do efeito *surpresa* na decupagem: a *surpresa* intervém na solução dada à "ligação de efeito retardado" (surpresa de constatar que nos encontramos em uma situação espacial ou temporal diferente daquela que havíamos imaginado quando a ligação foi feita). Ocorre também nas relações entre o espaço em *off* e o espaço da tela (surpresa de constatar, por exemplo, que determinada personagem se encontra nos limites do quadro, quando a julgávamos muito longe dali).

Ora, parece-nos que a surpresa e o mal-estar, assim como os compreendemos, são duas das mais moderadas maneiras pelas quais a imagem cinematográfica pode *agredir* a sensibilidade do espectador, e que abrem caminho para toda uma gama de agressões, com intensidade crescente e de natureza muito variada que o cineasta pode submeter a seu *público cativo* (*captive audience*, como se diz em inglês). Esse inegável poder tacitamente reconhecido aos cineastas desde os primórdios (as pessoas abaixavam a cabeça instintivamente quando o trem dos irmãos Lumière chegava à estação), passou a ser logo considerado uma ameaça pública. Todas as censuras, oficiais ou privadas, instituídas para coibi-lo concentraram-se no conteúdo da imagem, nunca em sua forma. Mas os protestos que surgiram na França, há já algum tempo, contra o estilo violento de alguns dos melhores realizadores da televisão francesa (montagem ultra-rápida, movimentos de *zoom* delirantes), permitem pensar que um dia a censura se ocupe das agressões mais abstratas da própria imagem. A censura cinematográfica sempre representou um meio de proteger a massa daquilo que não queria ver, de tudo que ameaçasse seu bem-estar físico e emocional. Porém, afora certos aspectos efêmeros da censura política e social, é um erro considerá-la como uma imposição feita por um determinado regime à população. A censura é uma imposição que a massa faz aos cineastas, um gesto de autodefesa que ela assume para se proteger das experiências que os locutores jornalísticos chamam de "sensações fortes", mas que podem ser muito mais do que isso.

O problema da censura extrapola em muito os objetivos deste livro. Assim, não consideramos a censura na tentativa de análise do conceito de agressão estética que desenvolvemos aqui. Ou melhor, consideraremos a censura como a expressão sociológica, em uma determinada sociedade, em um determinado momento, das tensões provocadas pela violação de um tabu. Em um certo nível, este conceito tem uma base de realidade. Georges Bataille mostrou-nos claramente[1] que existe uma dialética da transgressão e do tabu, que a censura representa para o cinema[2].

Aliás, se utilizamos os conceitos gerais de transgressão e tabu empregados por Bataille, é porque pensamos que as imagens realmente censuráveis, sejam eróticas, repugnantes, violentas ou, simplesmente, subversivas (por oposição a imagens que incomodam a um regime e não à sociedade, já que, neste caso, elas seriam inoportunas e não subversivas como as imagens de favelas de Nanterre, por oposição a imagens de fraudes eleitorais), constituem agressões estéticas, independentemente de quaisquer outras conotações[3]. Tentaremos, assim, verificar como a "dor", na maioria das vezes, dor moral, mas também, em alguns casos, dor física, pode ser considerada como um componente da experiência estética, quando, através dessa dialética da transgressão, é experimentada por adultos "normais", ou seja, por pessoas capazes de suportar a broca do dentista sem traumas psicológicos e perceber a dimensão abstrata de uma obra de arte: *Le sang des bêtes* não é um filme infantil, está certo, mas *Ano Passado em Marienbad* também não[4].

1. Porém Bataille, pelo que sabemos, pouco preocupado com os problemas abstratos da Forma, nunca tirou conclusões de ordem estrutural dessa idéia.

2. Apesar que de forma incoerente: em domínio tão subjetivo como este, mais do que em outros, é ainda mais difícil que um grupo exprima a vontade da sociedade.

3. Uma leitura desatenta do que acabamos de escrever poderia fazer crer que "defendemos" a censura. Não se trata disso: a censura para adultos deve ser combatida por todos os realizadores e por todos os cinéfilos, em todos os frontes, sem distinção entre censura boa ou má (o que infelizmente não acontece). O fato de a censura cinematográfica existir, sob uma ou outra forma, em todos os países, talvez seja indício de que ela represente uma realidade, implicando conseqüências estéticas e políticas, da qual todo cineasta deveria tomar conhecimento.

4. Nos Estados Unidos, crianças podem assistir aos mais horripilantes filmes de terror, o que não quer dizer, evidentemente, que esses filmes estejam na origem da delinqüência juvenil americana, mas que o clima de violência inerente à sociedade americana prepara a criança para receber esses filmes como um adulto. Alguns psiquiatras, aliás, estimam que tais

Consideramos que a agressão pelo conteúdo assemelha-se à agressão puramente ótica (como as cascatas de imagens vertiginosas dos filmes do grande animador americano Robert Breer, cuja beleza é vista *através* do mal que fazem à vista) ou a outras formas de agressão, mais insidiosas, como as que se devem aos efeitos de desorientação de que falamos há pouco.

Todas essas formas de agressão nascem da relação muito especial, quase hipnótica, que se estabelece entre o espectador e a tela quando o cinema fica escuro (fenômeno muito bem analisado por Siegfried Kracauer). Não importa o grau de consciência crítica do espectador para que, sentado dentro de uma sala escura, subitamente só diante da tela, fique inteiramente à mercê do realizador, que passa a poder violentá-lo a qualquer momento e por qualquer meio. Se o espectador for exposto ao máximo de dor, em vão ele acionará seus mecanismos de defesa, em vão ele se lembrará de que "é apenas um filme" ("distanciamento", fenômeno de que falaremos mais adiante). Será sempre tarde demais: o "mal" estará consumado e o mal-estar, até mesmo o terror, terão tomado conta dele[5].

Ao assistir pela primeira vez a *Un chien andalou*, qualquer espectador se sentirá profundamente chocado com o plano do olho cortado, sobretudo porque esse plano perfeitamente atroz é precedido de imagens concebidas para embalar sua sensibilidade, para criar um clima de tranqüilidade: um homem descontraído afia uma navalha, fuma, contempla a noite em um balcão... a seu lado, uma mulher está

filmes são um excelente meio de catarse, uma espécie de válvula de escape que permite às crianças – mesmo a alguns adultos – darem livre curso às suas fantasias de violência, sem prejuízo para si ou para os outros. Por outro lado, na França, as interdições de certos filmes a menores de treze anos são justificadas (ao contrário da proibição pura e simples) pelo fato de a criança francesa ser muito menos protegida, logo, mais vulnerável, que a criança americana.

5. É preciso observar que, na prática, essa sujeição raramente foi explorada para fins tão "nobres" quanto nos casos que citamos aqui... e talvez seja hora de acabar com isso.

tranqüilamente sentada. Mesmo depois de visto muitas vezes, esse plano conserva seu poder traumatizante. Podemos, aliás, dizer que depois da segunda vez esse potencial traumatizante faz com o espectador volte ao início do filme envolto em uma onda de pavor, fazendo com que a primeira seqüência do filme, tão "insípida", ganhe uma nova nuança. *Un chien andalou* foi o primeiro filme da história do cinema que atribuiu à agressão o papel de componente estrutural. Esse fenômeno de "uma onda de choque" que percorre toda uma imagem que, inegavelmente constitui o centro de gravidade do filme, é o seu grande momento, sem dúvida, dizendo mais respeito à forma do que à criação de uma atmosfera onírica. Já no segundo minuto, o filme parece dividir-se em dois, em torno desse plano-pivô, ao mesmo tempo em que as duas partes que ele separa assumem um sentido poético radicalmente diferente do que teriam sem a proximidade desse plano. A prova disso é a versão "edulcorada" do filme em que a cena do olho foi suprimida e que, para quem conhece a versão original, tem o mesmo efeito de uma cópia em preto & branco de um filme que já foi visto em cores.

Apesar da experiência fundamental representada por *Un chien andalou*, poucas vezes depois se concebeu a agressão com uma forma de componente estrutural tão intensa (a esse respeito, cabe ver o início de *Las hurdes*, com sua gradual progressão da banalidade ao horror). Poderíamos mesmo pensar que a experiência tivesse morrido aí se Georges Franju não realizasse, em 1949, sua obra-prima *Le sang des bêtes*.

O começo desse curta-metragem apresenta um número surpreendente de analogias com o filme de Dali e Buñuel: imagens plenas de poesia "popular", acompanhadas de uma música suave e comentário nostálgico, de uma certa forma "embalam" o espectador da mesma maneira que o céu noturno de *Un chien andalou*. No filme de Franju também não sabemos que terror nos espera: se não fosse pelo título, estaríamos tão confiantes quanto aquele simpático cavalo conduzido gentilmente para o matadouro. Mesmo quando lhe colocam um tubo no focinho, tudo nos parece muito corriqueiro e banal, para que percebamos a verdadeira ameaça que está por vir. De repente uma detonação abrupta e o animal cai, fulminado. Talvez por sua nudez, é a imagem de morte repentina mais angustiante que o cinema já viu[6]. O espectador sofreu o primeiro choque. Porém, diferentemente de *Un chien andalou*, esse choque se repetirá com variações infinitas durante todo o filme. Podemos realmente dizer que se trata de um filme cujo ritmo é determinado por uma sucessão de descargas de dor, sentidas tão diretamente pelo espectador como as descargas elétricas que os ingênuos adeptos do "cinema total" fazem administrar através dos braços das poltronas de cinemas americanos, durante a projeção de certos filmes de terror. Falamos de ritmo porque essas descargas têm intensidades variadas, sendo ora separadas por passagens documentais ou poéticas mais ou menos longas, ora intensamente aproximadas (como na cena em que, no espaço de poucos segundos, dez carneiros são decapitados, seus cadáveres inflados com ar comprimido e despelados, tudo isso seguido de um longo plano das carcaças ensangüentadas, uma espécie de "suspensão musical" entorpecente e que parece exalar o cheiro da própria morte). Seguramente, esse tom de humor negro atenua de uma certa forma a pureza das estruturas do filme (é nitidamente o caso da cena em que o açougueiro "corta o boi durante as doze badaladas de meio-dia"). Porém, essas estruturas existem e são determinadas antes de tudo pela montagem e pela admirável edição de ruídos de Jean Painlevé. Particularmente, elas são esculpidas no horror, são percebidas inevitavelmente (com exceção das pessoas com sensibilidade extremamente amortecida) através de uma cortina de dor. Isto porque, além dos conceitos humanitários e vegetarianos que motivam seguramente certas almas sensíveis, nenhum de nós queda invulnerável a esses golpes brutais em corpos que, apesar de tudo, se parecem terrivelmente com os nossos (senão, o que

6. Que podemos comparar, em matéria de filme ficcional, com a morte de Nana em *Viver a Vida*. Aliás, a função da violência na obra de Godard, sempre tão complexa e diferente em todos os seus filmes, mereceria estudo à parte.

tornaria tão doloroso o plano do olho cortado de *Un chien andalou* além do sentimento de vulnerabilidade de nosso próprio olho diante de uma navalha?). Em suma, *Le sang des bêtes* faz-nos confrontar, inegavelmente, uma dialética quase musical feita de tensões e de relaxamentos, pontuada por incursões mais ou menos aproximadas, mais ou menos afastadas, ao limiar da dor.

A esse respeito, porém, *Le sang des bêtes* permanece um filme isolado. Nos Estados Unidos, onde os limites da censura retrocederam consideravelmente nos últimos anos, realizaram-se alguns filmes que nada mais são do que fantasias sexuais de carnificina humana, como *Blood Feast* e *2.000 Maniacs*. Os realizadores desses filmes não tinham seguramente o mesmo sentido de abstração que Franju, à época de seus primeiros curtas-metragens, a noção de forma ocorrendo apenas fortuitamente em seus filmes. Entretanto, apresentam um certo grau de interesse, na medida em que suas imagens traumatizantes oferecem, inegavelmente, uma matéria-prima que outros realizadores, mais sensíveis às complexidades da forma e mais cônscios dos meios hoje disponíveis, deveriam explorar. Mas, deixando a censura de lado, será que os realizadores ocidentais quererão, ou serão capazes de explorar tais materiais? De um modo geral, os realizadores europeus que manifestam uma inquietação formal mais profunda, como Bresson, Antonioni, Resnais[7], tendem a excluir de seus filmes qualquer transgressão dolorosa de tabus e, quando a introduzem, fazem-no a contragosto e com muita cerimônia, como nas cenas de *erotismo* em *La guerre est finie* (*A Guerra Acabou*), de Alain Resnais, e de *briga* em *A Grande Testemunha*, de Robert Bresson. Quando Buñuel toma consciência da forma, no sentido que damos aqui, em obras tardias como *Diário de uma Camareira* e *Belle de jour* (*A Bela da Tarde*), fá-lo de forma pudica, não conseguindo imprimir em suas imagens a violência corrosiva de outros filmes, menos bem realizados

7. Ingmar Bergman é a exceção que confirma a regra, mas trata-se de um caso complexo, que abordaremos mais adiante.

é verdade, como *Los Olvidados* (*Os Esquecidos*) ou *El* (*O Alucinado*).

Os japoneses, entretanto, lograram conviver melhor com seus tabus: no Japão, o indivíduo chora a morte tanto quanto seu irmão ocidental, mas a comunidade parece tê-la assimilado melhor, pois é sua companheira de todos os dias. Como o grande documentário de Franju, o cinema japonês de ficção oferece toda uma tradição de crueldade (no sentido empregado por Antonin Artaud), cujo potencial especificamente estrutural foi sentido por alguns realizadores.

A obra-prima de Akira Kurosawa, *Kumonosu Jo* (*Trono Manchado de Sangue*), é estruturada a partir de uma alternância contínua, brutal, entre cenas exacerbadamente violentas e outras quase insuportavelmente líricas, tensas e contidamente repousantes. As últimas culminam no longuíssimo plano da espera de *Lady Macbeth*, enquanto as primeiras explodem na violência da cena final, quando Macbeth é trespassado por milhares de flechas ao correr furiosamente pela muralha de seu castelo. Esta última seqüência, uma das mais frenéticas da história do cinema, funciona como uma "coda" que confere à violência extrema, quase insustentável, uma função claramente estrutural, talvez devido à ruptura da tonalidade e do estilo visual que esta cena confere ao filme.

Mas o exemplo mais significativo e complexo da "dialética do horror" no cinema japonês[8] encontra-se na obra de um autor menos prestigiado, Shiro Toyoda. Um de seus filmes, estupidamente traduzido na França como *Fantômes japonais*, tem suas imagens articuladas em torno da alternância absolutamente original entre imagens de um pudor extremamente "sugestivo" e imagens de um horror excessivamente cru, envolvendo em geral um mesmo elemento. Examinemos a cena em que um bandido mata um velho em uma floresta: mal se pode perceber o golpe mortal; o

8. Não é preciso dizer que os censores ocidentais, particularmente os europeus, nos impedem de ver muitos filmes com experiências semelhantes, filmes que parecem constituir uma parte importante da produção japonesa.

cadáver cai fora do quadro. Em seguida, o assassino debruça-se sobre o cadáver invisível e entrega-se a não se sabe que tarefa laboriosa. Parece que ele tenta tirar uma bolsa presa ao corpo ou pendurada no pescoço da vítima. Nesse momento chega outro bandido, e o primeiro narra-lhe o crime, acrescentando que retalhou de tal forma o rosto do velho, que este ficara irreconhecível! Muito bem, é evidente a opção do realizador, ou seja, o horror pela sugestão (a utilização do espaço em *off* é exemplo de estrutura de efeito retardado). Depois, a rápida sucessão de dois planos absolutamente horripilantes mostra-nos cruamente o que até então tinha sido sugerido com muito cuidado: primeiro, a cabeça retalhada no chão, em seguida, a imagem de uma beleza feroz e inédita da pele intacta de seu rosto pendente de um arbusto. É inegável que aí existe uma estrutura, repetida, aliás, muitas vezes no decorrer do filme, sem por isso perder sua eficácia (é difícil acostumar-se ao horror). Essa estrutura tem sua base nas relações de fascínio e repugnância que o espectador tem com esse tipo de imagem: primeiro, pela sugestão do horror, ele recebe uma sacudidela, e acredita poder escapar apenas com um pequeno e reconfortante susto; a seguir, porém, tudo lhe é revelado repentinamente! Essa técnica de caixa de surpresas é pródiga em possibilidades formais. Certos filmes americanos de gângsteres também assumem, porém num registro um pouco aquém do limiar da dor, a violência como matéria-prima do que poderíamos chamar, por analogia musical, de "variações sobre um mesmo tema". O filme de Richard Wilson, *Al Capone*, foi concebido como uma seqüência de variações sobre o tema "assassinato pela surpresa", cada assassinato sendo praticado de maneira ainda mais barroca e imprevisível que o anterior. Nesse caso, porém, encontramo-nos diante de um produto tipicamente hollywoodiano, no qual a consciência estética é sensivelmente menor e onde tais estruturas, quando ocorrem, nada mais são do que felizes acidentes do empirismo comercial.

Seria injusto dizer o mesmo das obras-primas da idade de ouro do cinema burlesco americano, baseado todo ele em um tipo óbvio de agressão, de um lado e, de outro, na noção de estrutura aparente. Nos melhores filmes de Mack

Sennett, Buster Keaton, Harry Langdon e, particularmente, de Laurel e Hardy, estrutura e agressão caminham juntas. A agressão podia assumir aspectos de natureza e intensidade muito diversas. Muitas vezes, havia também a surpresa, mola mestra do riso (como dizia Bataille, "O desconhecido faz rir"), ocorrendo em conjunto com estruturas de efeito retardado de uma forma extremamente divertida. Um dos melhores momentos de *Sherlock Junior* é seguramente a cena em que Buster Keaton, antes de entrar no esconderijo dos bandidos, coloca uma espécie de arco coberto de papel do lado de fora da janela. Depois, no interior, quando os bandidos se tornam ameaçadores, ele dá um magnífico mergulho através dos vidros e do tal arco. Ora, esse arco continha – nós agora o sabemos! – o disfarce de roupa de uma velha senhora, com o qual Keaton sai vestido antes mesmo de tocar o chão. Assim, ele sai andando puxando as pernas, enquanto os bandidos saem em disparada pela porta, perplexos de ver sua presa escapar com uma velocidade tão grande (porque eles não prestaram nenhuma atenção na velhinha, é claro). Ficamos ao mesmo tempo injuriados e maravilhados com esse surpreendente e inverossímil achado. Nossa resposta a essa modesta agressão é o riso. Ao mesmo tempo, a "beleza" da cena deve-se à sua estrutura: Keaton prepara a janela, entra pela porta, sai pela janela, enquanto os bandidos saem pela porta. Nossa perplexidade inicial diante dos preparativos de Keaton (na janela) tem sua contrapartida na perplexidade dos bandidos diante dos resultados desses preparativos etc. (James Agee, entre outros, analisou as *gags* dessa época). O que interessa sublinhar aqui é que a beleza da estrutura é perceptível através do riso que uma agressão provoca, exatamente do mesmo modo que a beleza das estruturas rítmicas de *Le sang des bêtes* é perceptível através da angústia provocada por uma agressão de outra natureza. Entretanto, as risadas provocadas pelos grandes cômicos do cinema burlesco americano não são sempre tão naturais como neste caso, pelo menos para o adulto sensível. Às vezes a agressão se aproxima muito mais do limiar da dor. As imagens de Harold Lloyd balançando no alto de um arranha-céu são imagens de pesadelo: o riso e o terror misturam-se, imprimindo a essas acrobacias admiravelmente estruturadas um tom todo particular. Quando em uma dessas estruturas "prolíferas", que eles dominavam como ninguém, Laurel e Hardy destróem uma fila inteira de carros, jogam dezenas de pessoas no chão com um soco no plexo solar ou atiram toda uma multidão dentro de um charco (a agressão escatológica era muito comum no cinema burlesco!), o espectador sente-se diretamente *vítima de uma agressão estrutural* e seu riso, algo crispado, assume uma expressão de pura satisfação estética. Finalmente, um último exemplo absolutamente admirável: *Long Pants* (*Pinto Calçudo*), na seqüência em que Harry Langdon, depois de sonhar que assassinou sua noiva para ir atrás da mulher de um gângster, tenta fazê-lo realmente. Quando, pela segunda vez, ele chama a inocente senhorita para "dar um passeio no bosque", tentando esconder no bolso um enorme revólver, a repetição literal desse plano (que já tínhamos visto no sonho acordado) constitui uma das melhores "*gags*-surpresa" da época. Por sua vez, a cena interminável que se segue, em que ele tenta desesperadamente distrair a atenção de sua noiva o suficiente para poder matá-la à distância, conforme o roteiro de seu sonho, é um exemplo extraordinário dessas variações sobre um mesmo tema, ocorrendo em um clima de pesadelo burlesco que logo se torna insuportável. Ainda uma vez a angústia mistura-se ao riso, essa agressão equívoca realizando-se através de uma trama formal (tema ideal definido pelo sonho, variações delirantes suscitadas pelos obstáculos da realidade) com um rigor quase matemático.

Infelizmente, parece que o cinema burlesco está hoje morto e enterrado. Foi um gênero indissoluvelmente ligado a uma época da história americana[9] e, quiçá, a única grande contribuição coletiva dos americanos à arte cinematográfica, comparável à contribuição dos pioneiros franceses, dos

9. Não podemos esquecer a contribuição de Jean Durand, na França, que em matéria de agressão, pelo menos, nada tinha a invejar aos outros (destruição de um imóvel inteiro por uma escada desastradamente manipulada em *Zigoto Plombier*, nocaute brutal de uma empregada doméstica idosa por um herói hercúleo em *Zigoto Détective*).

expressionistas alemães ou ainda dos grandes experimentalistas soviéticos. Entretanto, os traços que caracterizaram o verdadeiro burlesco sobreviveram em uma tendência do desenho animado americano, primeiramente nos filmes de Walt Disney, em seguida, após sua decadência, nos filmes do mestre do delírio, Tex Avery. Citando Georges Sadoul ao escrever sobre Avery: "... Ele revolucionou o desenho animado com a liberdade de sua fantasia, com suas *gags* quase surrealistas, seu humor mordaz, sua ferocidade sarcástica, em filmes de curta-metragem (poucos) baseados no tema da perseguição e da luta até a morte, filmados com um ritmo curiosamente sincopado." Tex Avery, que parece ter ficado totalmente inativo depois que a Warner fechou seus estúdios, possuía um sentimento do excesso, em tudo, que diferenciava seus filmes da maioria dos desenhos animados americanos, freneticamente monótonos: personagens caem de um penhasco soltando gritos atrozes; plano a plano, eles caem na direção da câmera e a repetição de seus urros torna-se insuportável; a cena dura várias dezenas de segundos, mas parece interminável... Depois eles aterrizam, leves como plumas, e a perseguição continua como se nada tivesse acontecido. Em outro trecho do filme (de cujo título infelizmente não nos lembramos), o Gato atravessa um tronco de árvore oco e o Cão, pensando que o prendeu, enfia a pata no buraco para pegá-lo... mas agarra um tomate estendido pelo Gato. Ele o esmaga ferozmente e retira sua mão manchada de vermelho. Depois, em uma dessas reviravoltas alucinantes, em uma dessas rupturas delirantes que caracterizam a obra de Avery, põe-se a se lamentar miseravelmente: "I crushed him!" ("Eu o esmaguei!"). Seus lamentos duram tanto que terminam por provocar um real mal-estar e a cena perde a graça. Quase que suspiramos aliviados quando o Gato reaparece e a perseguição continua.

Fechamos, assim, o círculo: do mal-estar provocado pela "desorientação", chegamos ao mal-estar provocado pelo humor estridente dos ritmos sincopados de Tex Avery (e esses dois tipos de mal-estar não são tão diferentes assim). O mal-estar como forma de agressão tem um lugar cada vez mais importante no cinema contemporâneo. Um dos exemplos mais marcantes disso, e que é objeto de agudas controvérsias, é o filme de Marcel Hanoun, *L'authentique procès de Carl-Emmanuel Jung*. Este filme nos apresenta, através de um processo imaginário, filmado da forma mais estilizada possível (não utiliza uma estrutura cenográfica para o tribunal: simplesmente, as personagens são filmadas separadamente sobre fundo negro e são confrontadas entre si pela montagem), autênticos documentos das atrocidades dos campos de extermínio nazistas. Jamais ouvimos as vozes dos atores dizendo os textos, que "interpretam" com uma emoção contida, porém visivelmente intensa. Em seu lugar, o texto é dito fora de sincronismo pelas vozes mecânicas, neutras, dos tradutores. Esse "distanciamento" provoca desde logo mal-estar. Além disso, o próprio tema do filme, delimitado pela oposição entre os textos do processo e fragmentos da vida familiar de um pacato qüinquagenário que há vinte e cinco anos foi um terrível carrasco, é por si só um tema flagrantemente incômodo. Finalmente, a decupagem e a linguagem visual do filme (digna em todos os pontos do autor de *Une simple histoire*, apesar do estilo mais sóbrio), desenvolvendo-se com independência das atrocidades de guerra e assumindo, às vezes, a forma de uma fantasia gráfica absolutamente "gratuita", constituem uma terceira fonte de mal-estar, que atinge seu paroxismo no final do filme quando após um depoimento particularmente detalhado sobre as condições das câmaras de gás, ocorre uma série de belíssimos planos de uma moça nua revirando-se em uma cama desarrumada. Esta imagem, que já havia aparecido várias vezes anteriormente, choca por sua aparente gratuidade, pois o comentário parcimonioso do "jornalista" não a explica em nada. Por fim, após vários segundos, a voz do jornalista, dirigindo-se nitidamente à mulher amada, e que compreendemos tratar-se da moça na tela (mesmo que sua existência não tivesse ainda sido objeto do filme), descreve um pesadelo que teve: sonhou que aquela mulher tinha sido vítima dos carrascos nazistas e que se arrastava nua pelo chão de uma câmara de gás. Ocorre aqui uma adequação perfeita entre "o distanciamento" pelo mal-estar (distanciamento aqui compreendido em um sentido estético, ao contrário do sentido brechtiano), a estrutura temporal que o conduz (planos premonitórios) e a estrutura espacial que é seu suporte imediato (jogo de enquadramentos e de *raccords*). Não se teria chegado ao efeito obtido, simultaneamente incômodo e comovente, sem a utilização desse estrutura temporal; por sua vez, a estrutura espacial, excessivamente depurada, deve sua beleza ao sentimento de mal-estar que a contesta, que torna sua beleza, de repente, horrível.

É provável que surjam espectadores bem intencionados que, diante do filme de Hanoun, apregoem que não se pode considerar o sofrimento e a morte de milhões de judeus como objeto estético, o que nos parece ser sua abordagem nesse lindíssimo filme. E nós tampouco temos a pretensão de tratar aqui desse grave debate. Pretendemos apenas observar, de passagem, que muitos criadores, nem sempre os piores, transformaram o Mal em objeto de beleza, geralmente através da fantasia erótica (pensamos em Sade, Lautréamont, Genet, Bataille e, no cinema, em Leni Riefensthal). Aqueles que rejeitam a atitude desses autores (ou que não a aceitam no cinema, o que vem a dar no mesmo), e que portanto rejeitarão a abordagem de Hanoun, muito mais discreta (e também muito mais ambígüa), serão incapazes – e muitas vezes por razões perfeitamente compreensíveis – de considerar os campos de concentração nazistas e outros horrores mais recentes como parte da "dramaturgia histórica", que todo criador pode explorar como melhor lhe aprouver. Foi por uma incapacidade dessa natureza que certo crítico diletante "de esquerda" conseguiu acusar Ingmar Bergman de oportunista político, por haver incluído em *Quando Duas Mulheres Pecam* cenas documentais da guerra do Vietnã. Esse crítico ficou tão cego por seu próprio sistema referencial, que não conseguiu perceber que um espírito como o de Bergman não conceberia a imagem de um bonzo suicidando-se com fogo como uma imagem com conotações políticas, e sim como imagem da violência e da injustiça humanas, logo, um componente poético necessário naquele exato momento do filme. O que não impede o indivíduo Bergman de condenar a política americana e sua aplicação naquela parte do mundo. Isto, porém, é domínio da política, quer dizer, da vida, e se algum realizador já conseguiu claramente provar que para ele a arte e a vida são questões distintas, esse realizador é Bergman. Será surpresa para alguém que Bergman não seja Godard?

Pode parecer que estamos nos afastando de nosso eixo. Entretanto, um de nossos objetivos ao escrever este capítulo era o de mostrar que é possível e desejável "reabilitar" materiais considerados tabus (tabus por razões muito diversas, não tendo entre si outro laço de parentesco além do fato de serem, precisamente, tabus) à luz do conceito de estrutura que buscamos definir durante todo este livro. Mais precisamente ainda, outro de nossos objetivos era demonstrar, através do exemplo da violência e da agressão em todas as suas formas, que os materiais aparentemente mais refratários às "matemáticas formais", mais carregados de "emoção pura", são todavia passíveis de "sublimação" através da abstração formal, sem perder seu impacto emocional pleno. Como disse Pierre Boulez: "Para se criar a eficácia, é preciso levar em conta e organizar o delírio".

IV. REFLEXÕES SOBRE O TEMA

9. TEMAS DE FICÇÃO

Partindo de um campo de investigação tão limitado, modesto e verdadeiramente elementar, que antes de nós ninguém havia explorado de maneira sistemática, eis-nos chegados ao fim desta obra a um outro domínio, tão vasto e tão "nobre" que a quase totalidade de estudos sobre o cinema lhe foi consagrada. Pode-se dizer que mais de três quartos dos artigos dos *Cahiers du Cinéma* tratam essencialmente o Tema e que, mesmo quando tocam em questões de forma ou de linguagem, fazem-no através dele. Ora, se após tanta tinta derramada, nós nos aventuramos nesse terreno já tão remexido, se o situamos em uma posição tão privilegiada, é porque nossa abordagem é diametralmente oposta à de todos os críticos e de quase todos os teóricos e historiadores (mas não, acreditamos, de certos realizadores). Conduziremos nossa abordagem do Tema através da forma e da linguagem, abordagem, aliás, que é conseqüência normal do conjunto de atitudes expressas neste livro. Por outro lado, e acima de tudo, trataremos o tema em geral com um T maiúsculo, quando habitualmente se considera que ele só pode ser visto como uma soma de casos específicos, como uma soma de assuntos.

Assim, se admitimos que o cinema, que já descobriu parte de suas potencialidades estruturais, deve considerá-las na escolha de seus temas, resta-nos perguntar "o que é um tema de filme?", ou, "o que é um bom tema de filme?", ou ainda, "o que é um bom tema de filme hoje?".

Com exceção dos grandes "primitivos" (como Georges Méliès, Emile Cohl, Louis Feuillade), para quem o tema já tinha uma certa função formal, pode-se dizer, *grosso modo*, que os cineastas tradicionais adotaram, em relação ao tema, algum dos seguintes comportamentos: ou proclamam que só o tema conta e que a maneira de tratá-lo só importa na medida em que o realça (posição de Claude Autant-Lara, por exemplo), ou, inversamente, consideram que o tema não tem importância alguma, e que o importante é a maneira de tratá-lo (posição de Henri-Georges Clouzot e de Josef von Sternberg). Paradoxalmente, essas duas atitudes aparentemente tão opostas refletem uma única idéia, hoje inteiramente ultrapassada, segundo a qual a pessoa faz o filme é apenas um diretor, alguém que, a partir de um tema, faz ou encomenda um roteiro que em seguida dirigirá. André S. Labarthe comentou apropriadamente essa querela terminológica, que evidencia também um conflito de gerações e encobre na realidade uma questão muito grave:

> Dos dois conceitos gêmeos que permitem à crítica "agarrar" os filmes (como uma pinça de lagosta), a palavra *mise en scène* designa a pessoa que ultrapassa o tema, por assim dizer, prendendo-se ao objeto tratado. Depois de Delluc, julgar um filme passou a ser julgar a interpretação dos atores, a qualidade dos diálogos, a beleza da fotografia, a eficácia da montagem etc. Se, durante trinta ou quarenta anos, a crítica mal conseguiu delimitar seu objeto, é porque na realidade o cinema pouco evoluiu, ou melhor, evoluiu apenas quanto ao conceito mais abrangente de *mise en scène*[1].

1. Ver *Cahiers du Cinéma*, n. 195, p. 66.

Ao filmar *L'Impératrice rouge* (*A Imperatriz Galante*), Sternberg sabia que o roteiro era muito fraco. O que contava para ele era criar um *objeto plástico* através de uma operação que significasse, realmente, uma *mise en scène*, uma encenação, assim como se diz *mise en page*, paginação, *nise en bouteille*, engarrafamento. Por sua vez, quando Autant-Lara precisou criar (para filmes como *Douce* [*Dulce, Paixão de uma Noite*] ou *La traversée de Paris* [*A Travessia de Paris*]), um estilo quase tão artificial quanto o de Sternberg, fê-lo pela razão inversa, para "servir" ao tema, que para ele tinha uma importância primordial. Assim, para o primeiro, a *mise en scène* era um objetivo em si, e para o último, apenas um meio. Apesar da inversão dos valores hierárquicos, as posições dos dois são fundamentalmente parecidas: ambos acreditavam na relação hierárquica entre Tema e Forma, que eles chamam de "estilo". Outros espíritos bem-intencionados mencionam com freqüência a fusão entre "forma" e "fundo", o que não passa de mais uma postura fundada em conceitos estéticos ultrapassados há mais de um século, pois esses apóstolos da "grande síntese" ainda consideram a elaboração do roteiro e a decupagem como duas etapas distintas, o que implica forçosamente hierarquia, em um ou em outro sentido. Para todos, a decupagem equivale à *mise en forme*, formatação. Esta pode ser em vão transcendente para uns e servil para outros, pois ela se realiza sempre "depois", sobrepondo-se a um roteiro pré-existente, este sim, o desenvolvimento "literário" de um dado tema.

Evidentemente houve exceções. A mais significativa delas, no período entre as duas Grandes Guerras, foi certamente um filme que consideramos a obra-prima de seu realizador, em grande parte por essa mesma razão. Trata-se de *A Regra do Jogo*, de Jean Renoir, um dos primeiros filmes modernos, na medida exata em que a escolha do tema foi feita em função de experiências formais que o autor pretendia então desenvolver e, sobretudo, na medida em que a forma e a realização do filme são derivados "diretos" de seu tema, sem qualquer mediação. Aí está a chave da questão do Tema atualmente. Do momento em que o cinema tem consciência de todos os meios de que dispõe, quando se pode entrever a possibilidade de se realizarem filmes organicamente coerentes, onde todos os elementos "funcionam" juntos, não se deveria pensar o Tema – ou o elemento que está sempre na base do processo de realização cinematográfica – em função da forma e da realização finais? Essa é a fórmula que se pode postular atualmente. E Renoir pressentiu esse postulado com muita lucidez, quando escolheu o tema de *A Regra do Jogo* (o próprio autor confessou-o, em termos muito pertinentes, em um dos programas que Jacques Rivette lhe consagrou, na série de televisão *Cinéastes de notre temps*). Afirmar que as idas e vindas de toda sorte que marcam a profundidade de campo e o espaço em *off* do filme, constituindo seu esquema plástico essencial, apenas são o prolongamento literal, a "amplificação", como dizem os músicos, dos quiproquós sentimentais e das interferências entre o mundo dos patrões e o mundo dos empregados que são o seu tema, seria o óbvio ululante. Mesmo em sua expressão mais simples, o tema é o microcosmo, não apenas de cada seqüência, mas quase de cada plano, pelo menos a um certo nível de leitura.

Talvez fosse melhor descrever esse conceito do tema como origem da forma, pela breve comparação de dois filmes menores, de um autor cuja preocupação formal, apesar de constante em sua obra, é mais superficial do que a de Renoir e, por conseguinte, mais exemplar neste momento. Tomemos como exemplo *Festim Diabólico* e *Os Pássaros*, dois dos melhores filmes da fase americana de Alfred Hitchcock. *Festim Diabólico* baseia-se em um tema de *boulevard*, com uma construção clássica em três atos, entradas e saídas teatrais etc. A sua "realização", porém, parte de uma decisão arbitrária, a eliminação do corte. Talvez no plano poético tal decisão adeque-se perfeitamente ao tema, sem entretanto, de modo nenhum, resultar dele. Em *Os Pássaros*, o caso é outro. Toda a estrutura e mesmo toda a realização do filme nascem do próprio tema: a destruição gradual do *Sonho Americano*, de um mundo estruturado nas banalidades da vida burguesa, tal como Hollywood a pintou. A partir da primeira bicada na testa de Tippie Hedren, como que por contaminação, todo o desenrolar do filme será determinado pela violência da imagem e da decupagem. Assim como seu tema, o filme tem um começo, mas não um fim, e se o tivesse, estaria escondido atrás dos milhões de pássaros que invadiram a tela (o mundo). Trata-se de um filme no qual toda a ação, em todos os níveis, decorre diretamente das premissas de seu tema básico.

Na ótica dessa relação "celular" entre Tema e Realização, encontramos outro paralelo, particularmente fecundo, entre as formas do cinema e da música contemporânea. Os músicos dodecafônicos assim concebem as relações entre a escolha da série, ou das séries básicas que constituem o "tema" (*sujet*) de uma composição (que os músicos clássicos chamavam de motivo [*thème*], apesar de as séries não funcionarem como "motivo"), e a forma da obra acabada. Acreditam que tudo deve emanar dessa célula original, ou pelo menos girar em torno dela, mesmo que essa célula não seja assim reconhecida.

Para os músicos dodecafônicos, essa noção de desenvolvimento quase biológico de uma obra musical a partir de algumas células geradoras, conceito que tem sua origem nas grandes obras de Debussy e Schönberg, faz parte de um esforço mais amplo que visa dotar a obra de uma maior coerência[2]. É com objetivo semelhante que alguns realizadores têm-se esforçado recentemente em estabelecer relações da mesma natureza entre a escolha dos temas de seus filmes e a forma final de sua realização.

Já discorremos longamente sobre dois filmes, *Crimes d'Alma* e *Une simple histoire*, que constituem, cada um a seu modo, estágios importantes da definição da função estrutural do tema. Assim, sem voltar à análise desses filmes, gostaríamos de convidar os leitores à releitura do Cap. 6 à luz das observações que seguem.

Antes, porém, um parêntese impõe-se. Não deverá ser necessário definir o "tema de um filme" para os cineastas, sobretudo se se trata de um filme de ficção. Qualquer realizador é capaz de reconhecer os temas dos filmes a partir

2. Unidade que imediatamente contestam, pela utilização de uma linguagem descontínua e disjuntiva. Também neste ponto parece-nos flagrante o paralelo com a linguagem cinematográfica corrente hoje em dia.

das sinopses diariamente publicadas nas páginas de serviço dos jornais e revistas em geral.

Essas sinopses, entretanto, são o que os "homens de letras" modernos chamam, com um certo desprezo, de "resumo da história", porque o "homem de letras" prende-se cada vez mais aos fenômenos da transcendência, enquanto que o "homem de cinema", exatamente por causa da materialidade da arte que professa, tão grande quanto a materialidade da escultura, por exemplo, prende-se sempre ao concreto, aos fenômenos da imanência. É por essa razão que para os cineastas o tema do grande romance moderno de Witold Gombrowicz, *Cosmos*, não é "interpretação do universo enquanto uma abordagem", ou qualquer outro postulado abstrato, mas simplesmente "dois homens invadem a vida de uma casa, onde, através de certos signos misteriosos, concluem existir um enigma que tentarão resolver... ou criar". É possível que Gombrowicz tenha partido de um problema de natureza puramente abstrata, mas essa abstração não tem nenhuma utilidade para o cineasta, na adaptação desse romance para o cinema; o que lhe interessaria seriam as estruturas visuais, concretas, o tema do objeto perdido, as trocas de papéis etc., porque o cinema é feito primeiro de imagens e de sons. As idéias surgem, quem sabe, depois. Pelo menos quanto ao que chamamos de "cinema de ficção". Como veremos no próximo capítulo, há alguns anos tem-se desenvolvido um cinema de não-ficção, que parte de um conjunto de idéias abstratas (considerado aqui como tema), para chegar ao conjunto de imagens e de sons que é um filme. Mas, voltemos à ilustração que interrompemos...

Uma das maiores expressões do tema "funcional" é, mais do que sua obra cinematográfica, a obra literária de Alain Robbe-Grillet. Para nós, seus romances constituem uma experiência absolutamente original de "cinema escrito". No início, parecia uma noção um tanto pueril. Diante do enfraquecimento manifesto das formas literárias tradicionais, em *Les gommes* ele retomou, às vezes de forma ingênua, todos os procedimentos da escrita pseudocinematográfica (fusão, carrinho, panorâmica, primeio plano etc.). Alguns jovens seguidores do grande escritor foram muito mais longe nesse sentido, usando e abusando sobretudo da "câmera lenta" e do "congelamento da imagem". Nos quatro livros publicados depois de *Les gommes*, Robbe-Grillet empreende longas descrições, com uma minúcia quase cômica, o que contribuiu para criar o que se passou a chamar zombeteiramente de "estética de agrimensor". Ele parecia tentar "criar" uma equivalência literária para a concretitude e a precisão objetiva que caracterizam "naturalmente" a imagem cinematográfica. Este aspecto das experiências de Robbe-Grillet, que parece ter particularmente atraído muitos jovens escritores, tem para nós um aspecto secundário. De qualquer forma, não foi aí que o Robbe-Grillet cineasta encontrou sua inspiração, e se essa característica de "inventário" sem dúvida marcou a história da literatura, é pouco provável que marque a história do cinema.

Por outro lado, a contribuição de Robbe-Grillet para uma nova definição das relações entre Tema e Forma tem uma importância maior do que podemos hoje imaginar. É provável que sua obra encontre seus verdadeiros prolongamentos justamente no cinema porque, aplicadas à literatura, as técnicas que ele emprega correm o risco de tornar-se cansativas, devido à monotonia própria da palavra impressa no papel, enquanto que no cinema, as mesmas técnicas podem repercutir, em todos os níveis, em uma gama variada de materiais. A noção de Tema e Variações que ele introduziu na narrativa, após as experiências do grande pioneiro Roussel, antes dele atributo exclusivo da poesia e das artes "abstratas", ganhou um sentido infinitamente mais rico quando aplicado à compósita arte cinematográfica. Talvez tenha sido por isso que esse criador enveredou-se também pelo cinema, com um entusiasmo sem precedentes entre os escritores de seu porte.

Examinemos esse aspecto sumário da contribuição de Robbe-Grillet através de um exemplo bastante elementar, seu segundo romance, *Le voyeur*. O Tema deste livro, no sentido em que entendemos a palavra Tema (ou seja, "resumo da ação"), desenvolve-se de modo relativamente contínuo, mas quebrado por uma grande "elipse", na qual se produz a única verdadeira ocorrência – o assassinato. Ora, essa noção de itinerário cortado por uma elipse pode ser encontrada em todos os níveis do livro, da simples frase ao conjunto da obra, passando por todos os períodos intermediários. É nesse sentido que dizemos que o exemplo de Robbe-Grillet é capital para os cineastas, porque ele criou um tipo de narrativa "prolífera" que, como um cristal, cresce a partir de uma idéia-célula, para formar um conjunto absolutamente coerente, mesmo em suas contradições, um conjunto que reflete em todas as suas facetas (sob uma forma mais ou menos reconhecível) o embrião de onde surgiu. Nenhum romance tradicional, nem os menos notáveis, poderia possuir a "unidade formal" de um livro de Robbe-Grillet. E se, como acreditamos, o cinema, assim como a música, tende a ganhar com uma unidade orgânica maior, as "formas" narrativas, que a literatura tão generosamente forneceu ao cinema durante umas quatro décadas, não têm mais nenhuma utilidade. Por outro lado, os temas subjacentes nessas formas ainda podem servir, desde que o realizador delas extraia conseqüências formais e estruturais que façam sentido no cinema. Se extraídas com lógica, essas conseqüências resultarão em um desenvolvimento cinematográfico do tema radicalmente distinto do desenvolvimento literário, como se pode concluir se compararmos *Les caprices de Marianne*, de Alfred de Musset, e *A Regra do Jogo*, de Jean Renoir.

Em seu primeiro roteiro, *Ano Passado em Marienbad*, Robbe-Grillet levou, ainda mais longe do que em *Le voyeur*, a preocupação com a unidade orgânica. Em *Marienbad*, através de repetições, variações e contradições, cada plano, cada incidente remete-nos a pelo menos um e geralmente a vários outros momentos do filme. É exatamente através da memória do espectador, exposto às lembranças do filme que se desenrola diante de si, que os autores criaram um mundo que a cada momento reflete seu tema em miniatura, um tema que pode ser resumido, embora não adequadamente descrito, como "um jogo de memória a três". E é nesse grande princípio unificador que encontramos os mil e um fios entrelaçados, que ligam eventualmente cada plano a um outro, reforçando o movimento linear criado pela montagem. Podemos, aliás, lamentar que justo em *Marienbad*, a montagem e a decupagem não tenham uma participação mais freqüente na rede de estruturas que fica, sobretudo, à mercê do incidental, do "conteúdo". A câmera limita-se, talvez excessivamente, a esboçar arabescos em volta dos acontecimentos, sem criar, a nosso ver, uma dialética real entre participação e não-participação, como ocorre em *Crimes d'Alma*. É nesse sentido que *Marienbad* nos parece um filme menos resolvido do que *Une simple histoire*. Apenas algumas seqüências parecem-nos plenamente articuladas, como as do quarto que se transforma e da balaustrada. Entretanto, pouco importam essas restrições diante do extraordinário passo à frente que o filme representou para a história do cinema e, particularmente, para a reintegração do Tema no seio da realização cinematográfica.

Diremos o mesmo de *L'immortelle*, primeiro filme de Robbe-Grillet, cuja importância gravemente subestimamos na época (infelizmente, eu e muitos amigos!), devido a uma comparação apressada com a opulência pictórica de *Marienbad*. É certo que, ao nível material da realização, a única contribuição do filme para um novo tipo de unidade orgânica foi a eficaz trilha sonora de Michel Fano. Mas, como pretender que um cineasta estreante pudesse chegar a uma coerência tão grande, quando tão poucos realizadores mais experientes foram capazes disso? Hoje, porém, o filme parece-nos um perfeito sucesso, do ponto de vista da decupagem segundo Louis Delluc, ou seja, da sucessão de acontecimentos, cenas e planos isolados como "continente". O "programa" de *L'immortelle* (expressão que talvez não possa substituir o "tema", mas que esclarece singularmente a abordagem de Robbe-Grillet) compreende uma "deteriorização" gradual da verossimilhança, através de uma espécie de labirinto de coincidências que se torna mais e mais fortuito. Todo o filme é permeado por essa estrutura-itinerário, em todos os níveis do filme, da seqüência ao plano. À medida que o filme progride, mais numerosas são as seqüências e mesmo os planos isolados que, através das contradições e coincidências que o herói encontra em seu caminho, partem de uma "realidade" aparentemente coerente, para chegar a uma artificialidade cada vez mais "rígida" e mais "aguda". Da mesma forma, o filme parte de um clima de banalidade deliberada, para chegar a um artifício "inaceitável", a uma coincidência sobrenatural, como um romance de H. P. Lovecraft. Essa invasão da "realidade" cotidiana por mistérios "impossíveis" provém do romance fantástico, mas o que conta na obra de Robbe-Grillet é que ele faz disso um princípio de forma narrativa e de estrutura plástica. Um outro grande passo na direção da unidade total do filme.

Todos acham, geralmente, que os temas de *Marienbad* e de *L'immortelle* são "obscuros". Vemos aí uma grande confusão no emprego dos termos e sobre isso falaremos um pouco. O tema de *Marienbad* só é obscuro se quisermos que a ação que se desenvolve na tela tenha uma única verdade subjacente, capaz de tudo explicar, ou se continuarmos a pensar que o filme deve ter uma "chave" capaz de resolver as diferentes contradições, de optar pelos depoimentos de "A", em detrimento dos de "B" ou que tal plano prende-se à fantasia, enquanto um outro à realidade do roteiro. Ora, os autores do filme repetiram muitas vezes que *Marienbad* não tem chave, que as contradições verbais e pictóricas são a própria essência da obra, que em vez de esconder o tema, decorrem diretamente dele, o que dá uma idéia de como o tema comanda todo o desenrolar do filme. Sob certos ângulos, tanto *Marienbad* como *L'immortelle* são filmes "inocentes": nada é escondido, nada existe, em parte alguma, sobretudo no espírito dos autores, que não possa ser imediatamente captado nos filmes. São filmes que não exigem interpretação, apenas, que sejam vistos. Em todos os sentidos, são filmes que devem ser abordados com ingenuidade. Não existe nada que possa estragar mais nosso prazer em nos perdermos em seus labirintos, feitos para a vista e para o espírito, do que procurar uma significação oculta para eles.

Significações ocultas existem e podemos encontrar milhares delas, se quisermos. Mack Sennett e Louis Feuillade, entre outros, ensinaram-nos há muito tempo que o grande cinema pode ser uma experiência puramente imediata e, por mais paradoxal que isso possa parecer, reafirmamos que filmes como *Marienbad* e *L'immortelle* apenas dão continuidade a essa nobre tradição. É uma outra maneira de dizer que o tema é apenas o resumo da ação, mesmo que essa ação seja, como no caso, puramente mental.

Entretanto, pode-se dizer que há também filmes incontestavelmente obscuros, com temas mais ou menos ocultos. Devemos perguntar que função têm esses temas e como devem ser "lidos" os filmes que neles se baseiam.

Sem pretender fazer um inventário exaustivo desses filmes "obscuros", podemos desde já distinguir alguns tipos importantes. De um lado, há os filmes cujo princípio formal consiste em ocultar um tema simples "indo além dele", envolvendo-o com digressões que formam uma espécie de "esconderijo" com contornos bizantinos bastante elaborados e, em todo caso, mais ou menos descontínuos. Esconderijo que nos permite entrever, de quando em quando, fragmentos do que foi o tema "original". Essa técnica é muitas vezes utilizada por cineastas a quem foram confiadas tarefas indignas e que usam esse expediente para sair-se "honoravelmente" delas: essa tendência resultou, nos Estados Unidos, em alguns filmes belos e relativamente "difíceis", como *Kiss me Deadly* (*A Morte num Beijo*), de Robert Aldrich. Até hoje, porém, Jean-Luc Godard foi quem mais fertilmente desenvolveu esse princípio, sendo *O Demônio das Onze Horas* o exemplo mais significativo dentre os seus filmes. Partindo também de um romance policial tradicional, Godard "esgota o assunto" com uma liberdade extraordinária. Neste filme acontece uma quantidade de coisas perfeitamente "incompreensíveis", se nos limitarmos às explicações deliberadamente complicadas que o filme finge nos dar de vez em quando. Evidentemente, os homens de letras nos dirão que o "verdadeiro" tema de *O Demônio das Onze Horas* é o amor de Marianne e Ferdinand, ou então qualquer coisa como "as grandezas e misérias do espírito romântico moderno". Como já dissemos, um tema é antes de tudo a "mola" do discurso cinematográfico, um elemento motor, o germe que faz brotar uma forma. De fato, o romance policial de onde partiu Godard tem todos esses elementos. Um amor ou uma atitude moral, considerados como tal, são apenas "motivos" e, para um cineasta, como já vimos, um motivo não é tema.

Assim, Godard precisava primeiro do tema de *O Demônio das Onze Horas* para dar "forma" a seu filme. Em seguida, a elaboração da obra levou-o a diluir quase totalmente esse tema nos desenvolvimentos que empreendeu. Observe-se que empregamos o termo "quase".

Sem dúvida, poderíamos conceber a diluição total do enredo original, comparável ao que acontece com os contos de Maupassant, que parecem ser a base de *Masculin Féminin* (*Masculino Feminino*). Em *O Demônio das Onze Horas*, isso significaria "desnudar" a caminhada nostálgica de um homem de uma grande "pureza interior" e a mulher que iria levá-lo à morte. Porém, desnudar o filme dessa forma significaria privá-lo de sua "estrutura de sustentação". Godard, então, insistiu em revelar aos poucos o tema original, que ele conhece de um modo bem diferente de seu público, exatamente para lembrar-lhe que ele o conhece melhor e que o tinha "escondido" de propósito. Ao nível da comunicação, é claro, isso equivale a sublinhar o "alcance universal" de sua história, mas o que para nós é mais significativo é que esse procedimento cria uma tensão de ordem dialética entre o tema e o discurso, com fragmentos do tema aparecendo e desaparecendo, de acordo com um ritmo essencial à estrutura descontínua do filme. Godard levou esse princípio muito mais longe em *Made in U.S.A.*, mas o pouco cuidado que teve com esse filme e, sobretudo, problemas com sua duração[3] fazem com que ele não traga nenhuma nova contribuição ao tipo de dialética que *O Demônio das Onze Horas* já continha.

3. *Made in U.S.A.* parece um filme "inchado" artificialmente de propósito, a fim de atingir a duração "comercial" ditada pelos critérios atualmente vigentes na França. Ora, à medida que o cinema evolui no sentido da organização dos tempos de duração, no sentido de um conceito de realização totalitária, exigindo do espectador um esforço de memória sem precedente, parece cada vez mais evidente que essa sagrada hora e meia, sem dúvida perfeitamente adaptada à forma da literatura digestiva que condicionou todo o cinema comercial por tantos anos, é hoje um formato insatisfatório. Os três melhores filmes de Marcel Hanoun, realizador desconhecido do público pela absoluta intransigência a essa e a outras questões, têm a duração aproximada de uma hora. A nosso ver, isso reflete uma tendência que seria muito mais generalizada se a distribuição cinematográfica fosse organizada de outra maneira (parece que estamos voltando lentamente à programação dupla, única solução possível para es-

Observe-se que empregamos, a propósito deste último filme, o termo "descontinuidade". Com efeito, *O Demônio das Onze Horas*, junto com *Viver a Vida* e *Uma Mulher Casada*, é parte da grande batalha à qual Godard se entregou para se afastar da narrativa cinematográfica tradicional, baseada na unidade e na continuidade da ação do romance do século XIX, para alcançar novas formas narrativas, baseadas na "colagem" de elementos desarmônicos e na descontinuidade de tom, de linguagem e de materiais. Já abordamos essa noção de descontinuidade a respeito da "dialética dos materiais"; voltemos agora a ela, porém sob o ângulo do tema. É evidente que a escolha do tema em *O Demônio das Onze Horas* ou, mais exatamente, a decisão quanto à "função" desse tema, foi feita com olho na nova forma de narrativa que Godard buscava criar, em cujo âmbito o tema deveria constituir uma espécie de "pivô subjacente", "em torno do qual a descontinuidade se tornaria estrutura". Cabe assinalar que a procura de uma descontinuidade organizada, subjacente em toda a obra de Godard, (assim como de outros *metteurs en filmes* atuais, como William Klein, A. S. Labarthe, J.-P. Lajournade, Michel Mitrani, Pierre Perrault etc.) é o oposto da abordagem de Robbe-Grillet. Em seus três primeiros filmes, este procurou reforçar ao máximo a unidade e a continuidade da obra cinematográfica, reformulando totalmente a unidade empírica que o romance havia desenvolvido antes dele, através de meios conhecidos, como a permanência em cena das personagens, unidade de estilo e continuidade da ação narrativa. Isso, para chegar a uma unidade total, responsável pela estreita simbiose de todos os elementos do filme, tanto no plano plástico, quanto no plano narrativo, lembrando algumas composições musicais de caráter "lírico" como *Wozzeck*, de Alban Berg, ou *La mort de Virgile*, de Jean Barraqué. Apesar de opostas,

se problema, sem uma profunda mudança dos hábitos do público). Existe, todavia, outro tipo de cinema que parece encontrar seu centro de gravidade em filmes extremamente longos, como *Chelsea Girls* e outros filmes "marginais", mas somente o futuro nos dirá se essa tentativa de aproximar a duração do cinema à duração da vida terá ou não êxito.

essas duas abordagens são as mais férteis do cinema contemporâneo, parece-nos.

Por outro lado, a meio caminho do tema "racional" manifestamente oculto em *O Demônio das Onze Horas* e do tema "irracional" falsamente oculto em *Marienbad* e em *L'immortelle*, podemos distinguir um outro tipo de tema, igualmente "oculto", mas de natureza e função muito diferentes de *O Demônio das Onze Horas* ou de *Made in U.S.A.* É um tema que envolve o que chamamos de "psicologia imaginária". As ações das personagens, ocultas de nós, não são condicionadas por motivações ou contigências externas, mas por seus móveis interiores e pelos princípios subjacentes no estranho mundo em que elas envoluem, constituindo o que Maurice Blanchot chama de "o centro secreto de tudo". Aliás, os romances, assim como certos ensaios de Blanchot, são boas fontes para o cineasta contemporâneo em busca de temas adequados à nova linguagem que começa a despontar no cinema. É claro que adaptar para o cinema alguma obra de Blanchot seria um absurdo patente: seus temas só funcionariam em um conjunto de coordenadas especificamente literárias. Outros temas, entretanto, "com funções análogas", poderiam sem dúvida funcionar, em um sistema de coordenadas especificamente cinematográficas.

Como definir claramente temas desse tipo? Numa ótica literária, Blanchot definiu-os muito mais sutil e sugestivamente do que nós. Parece, porém, caber a nós estabelecer a definição de seu aproveitamento possível pelo cinema e, por mais ingênua que possa ser nossa abordagem, ela será seguramente útil. De uma maneira geral, temas assim ocultos, apesar de permanecerem quase tão invisíveis quanto os que certos críticos supuseram achar enterrados no labirinto de imagens de *Marienbad*, podem ser apreendidos através de um processo de interpretação ou através do que os americanos chamam de *close reading*. Mas, ao contrário do que se passa no filme de Robbe-Grillet, trata-se de um tema que realmente existe. Simplesmente, ele exprime-se através de metáforas tão subjetivas que é muito provável que o próprio autor não queira, ou não possa formulá-lo, a não ser através de metáforas absolutas, sem nenhum significado particular, remetendo a um mundo interior, intangível enquanto tal, a não ser por meio de uma *análise gestáltica*, conquanto essa disciplina permite atingir conjuntos refratários à dissociação. Assim, se tais filmes parecem exigir uma interpretação, esta não precisa se impor mais do que a dos romances e filmes de Robbe-Grillet. Chegar ao *centro secreto de tudo*, mesmo que esse centro realmente exista no espírito do autor, não significa necessariamente conhecer melhor uma obra, podendo, é quase certo, significar perdê-la de vista[4].

Por razões evidentes, poucos filmes assumiram, até o presente, essa função "blanchotiana" do tema. Existe um filme, porém, que constitui um passo muito importante para a solução da questão tema, e que nos atrai muito mais do que as soluções propostas até aqui. Parece-nos a solução mais fértil em desdobramentos, uma espécie de síntese entre as abordagens opostas de *Ano Passado em Marienbad* e *O Demônio das Onze Horas*, conservando, contudo, as vantagens de ambos. Falo de *Quando Duas Mulheres Pecam*, de Ingmar Bergman, talvez o mais belo filme que este autor tão surpreendente realizou até hoje.

Do ponto de vista do roteiro, a *interpretação* que geralmente se faz dele, de que seu tema reside na troca gradual de personalidades, parece-nos atrapalhar a boa compreensão do filme, mesmo que seja verdade, mesmo que esse tenha sido o objetivo de Bergman. "Explicando" assim a maioria dos acontecimentos "misteriosos" (mas não todos) que balizam esse filme efetiva e deliberadamente difícil, mascaramos toda uma rede de relações extremamente complexas e contraditórias que ligam esses acontecimentos, formando a superestrutura do filme. Qualquer que seja *o centro secreto do filme*, e mesmo que seja realmente a troca

4. Susan Sontag escreveu em *Against Interpretation* (Farrar Strauss and Giroux, Nova York, 1966): "Na maioria dos casos contemporâneos, a interpretação está ligada à recusa filistina de se deixar em paz a obra de arte. A verdadeira arte tem o poder de inquietar-nos. Reduzir uma obra de arte a seu conteúdo, para em seguida interpretá-la, é uma maneira de subjugá-la. A interpretação torna a arte mais submissa e manipulável".

de personalidades, é utilizado por Bergman para dar uma coerência estética, não-significante, a imagens e acontecimentos carregados de significações potenciais, não só por sua própria natureza, mas também pelo fato de que a "chave" do filme – que só Bergman possui, e que só ele continuará possuindo – permanece oculta. Ao nível seqüencial, parece haver algumas chaves. Seria muito fácil e, para muitas pessoas, tentador, fazer a análise freudiana da agressividade sexual expressa na surpreendente cena do copo partido. Tal análise, porém, nos levaria à realidade tangível da cena? Seria melhor acompanhar essa cena na medida de seu desenvolvimento, sentir o crescente mal-estar provocado pela espera interminável e cujo efeito é tão forte: à medida que ela se prolonga, mais estranhos se tornam os gestos das personagens, enquanto que um plano, no início sem nenhuma intensidade, torna-se imperceptível e inexoravelmente intenso. Seria melhor sentir a dor do corte, ferida pequena e totalmente ignorada, mas que assume o potencial agressivo de uma mutilação maior, devido à posição que ocupa na progressão dramatúrgica e plástica da cena. Já falamos do absurdo que é procurar uma explicação política para as imagens da guerra do Vietnã a que a mulher doente assiste em sua televisão. É preciso sentir a atrocidade dessas imagens e a angústia de quem a elas assiste. Interpretá-las é o mesmo que não as ver. Haverá quem nos responda que a "ambição manifesta" por Bergman em sua obra "leva" à sua interpretação. Entretanto, os admiradores de John Ford e de Raoul Walsh sabem que eles não ambicionam que seus filmes sejam interpretados, que eles fazem seus filmes para que sejam vistos e compreendidos e é só, o que não impede que esses admiradores interpretem incansavelmente esses filmes. Então, com que direito proibiriam eles que Bergman tivesse a mesma ambição que Ford ou Walsh, a ambição de realizar filmes para serem "vividos", e nada mais?

É na intervenção brutal de elementos estranhos à "ação" que a abordagem de Bergman nos parece mais evidente. Na realidade, esta nada mais é do que uma extensão muito mais satisfatória da concepção eisensteiniana da montagem por atração, técnica que ganhou, na obra do mestre soviético (até que ele a abandonasse, em seus filmes da maturidade), características ingenuamente muito metafóricas (em *La ligne générale*, os jatos d'água que exprimem a alegria dos camponeses diante de suas novas máquinas desnatadeiras, aproximados dos jorros do creme de leite, constituem sem dúvida, em seus filmes da época, um dos exemplos mais evoluídos dessa técnica). Em Bergman, porém, essa imagem-metáfora é muito mais integrada ao conjunto da obra, parecendo às vezes mais abstrata (na medida em que são metáforas "absolutas"), às vezes mais concreta (na medida em que questionam o "verdadeiro material" que o espectador tem diante de si: película, tela, lâmpada de arco). Esse sentimento é atribuível não apenas ao fato de assistirmos a um fotograma queimando, à película saindo da grifa e rebentando. A montagem quase subliminar que Bergman utiliza fornece-nos um material mais imediatamente sentido como película do que como planos de duração "normal", fazendo-nos sentir que temos tempo e espaço para nos "perder" um pouco, esquecendo-nos talvez de que o que estamos vendo é apenas luz e uma tira de celulóide. O fluxo e o refluxo de nossa súbita consciêncaia de que assistimos a um filme, e de nossa total ou parcial falta de consciência desse mesmo fato, parecem-nos nascer mais da dialética dos papéis e dos materiais de que já falamos, do que da estética brechtiana do "distanciamento". A esse respeito, Bergman parece ter chegado a uma outra síntese, unindo as duas tendências de que falamos há pouco, ou seja, a tendência a uma unidade orgânica maior, através de um complexo jogo de ambigüidades sobrepostas e a tendência a uma organização descontínua e desarmônica. E a dialética entre a continuidade e a descontinuidade alimenta o metabolismo de *Quando Duas Mulheres Pecam*.

O leitor entenderá que não pretendemos, nestas poucas páginas, fazer um quadro exaustivo dos temas dos modernos filmes de ficção e de suas funções. Há filmes "sem-tema", que levantam questões de outra ordem, como *Chelsea Girls*. Entretanto, acreditamos ter cumprido, pelo menos em parte, nossa tarefa: não é possível que o Tema permaneça um tributário de nossos entusiasmos literários, de nossas pequenas preocupações cotidianas, nem da idéia que temos do que "interessa" ao público, mesmo que seja o nosso público. Uma nova linguagem cinematográfica vem sendo desenvolvida, e é preciso definir temas adequados às necessidades dessa nova linguagem. Aliás, essa nova linguagem já resultou em um novo tipo de tema, que chamaremos de tema de "não-ficção", para que não seja confundido com o velho e eficiente "documentário", e cujo funcionamento é muito diferente do tema que chamamos de "ficção". Este será o tema de nosso último capítulo.

10. TEMAS DE NÃO-FICÇÃO

Desde o início da história do cinematógrafo, encontramos, ao lado dos pioneiros que o utilizaram desde o começo como meio de divertimento das massas com fim lucrativo, outros para quem ele parecia ser antes de tudo um meio de comunicação (quando não de propaganda), um meio de educação (quando não de doutrinação). Tanto para Marey, na era "arqueológica" do cinema, como para Lumière, na "primitiva", era ponto pacífico que o homem tinha, finalmente, descoberto na câmera um instrumento apto a captar e registrar o "mundo real", e que essa era sua missão específica, sagrada, por assim dizer: cabia ao cinema promover o progresso científico, grande ideal do início do século XX, oferecendo-nos um novo modo de apreensão do mundo.

No início do cinema falado, ou melhor, na idade de ouro do filme "documentário", quando esse ideal "verista" se expandiu, o produtor e teórico inglês, John Grierson, acreditou poder tirar da natureza "realista" da imagem cinematográfica bruta (a única que contava para ele) uma ética cinematográfica definitiva. Nessa ótica, o cinema deveria ser necessariamente "engajado", usando uma expressão corrente apenas vinte anos depois: "O documentário nada mais exige do que transportar para a tela, por qualquer meio, as preocupações de nosso tempo, tocando a imaginação, através do maior número possível de detalhes. Num certo nível, essa visão pode ser jornalística; em outro, pode ser poética, ou ainda dever sua qualidade estética à lucidez de sua exposição". Esse "credo" levou Grierson a condenar definitivamente a filmagem em estúdio e proclamar, que quando um realizador morre, vira fotógrafo.

Essa ética, durante bastante tempo partilhada por muitos realizadores bem intencionados, afetou profundamente a evolução da arte cinematográfica de duas maneiras. De um lado, imbuiu um grande número de realizadores talentosos, italianos, franceses, mas sobretudo anglo-saxões, de um sentimento de "responsabilidade social" (que parece mais imperiosa para o cineasta do que para os outros artistas, devido à natureza "popular" e "realista" de sua arte), muitas vezes falseando suas relações com o material cinematográfico e castrando sua obra. De outro lado, como se pode depreender da citação acima, a ética griersoniana pressupunha uma hierarquia no âmbito do próprio filme de não-ficção que ela defendia, uma distinção entre "mensagem" e "poesia"; servimo-nos aqui de um vocabulário simplista, que nos parece caracterizar bastante bem a velha escola documentarista que, para alguns filmes de verdadeiro mérito, como *Man of Aran*, de Robert Flaherty, e *Coal Face*, de Alberto Cavalcanti, produziu centenas de outros, pretensiosos e insípidos, como *Louisiana Story*, do mesmo Flaherty, ou sentimentais e pedantes, como a maior parte dos filmes do G. P. O., instituição que Grierson justamente dirigia.

Chegamos então ao cerne da questão: por que os filmes do G. P. O. parecem hoje tão falsos, tão empostados? É que, de uns dez anos para cá, o conceito de não-ficção no cinema mudou radicalmente, e num sentido que nos parece lançar paralelamente alguma luz sobre a evolução do cinema de ficção. Afinal, as hierarquias "tema-forma" de Grierson, não são as mesmas de Claude Autant-Lara, assim como, aliás, as de Dziga Vertov (jamais confessadas, por razões óbvias, mas perfeitamente manifestadas em seus últimos filmes mudos) são idênticas às de Sternberg? Em todos os casos, essa distinção hierárquica, essa compartimentação vertical, impedia a famosa fusão entre "fundo e forma" que Grierson pensava traduzir em seus escritos e em seus filmes, mas que, na época, foi alcançada por apenas algumas obras puramente ficcionais, como *Der Blaue Engel* (*O Anjo Azul*), de Josef von Sternberg, *M* (*O Vampiro de Düsseldorf*), de Fritz Lang, e *Zéro de conduite* (*Zero em Comportamento*), de Jean Vigo, conseguiram.

Já tentamos determinar como essa fusão vem se realizando nos filmes de ficção contemporâneos, de uma maneira mais complexa do que Grierson ou mesmo Eisenstein puderam imaginar. Dizemos mais complexa porque não se trata mais da fusão "fundo-forma", dois conceitos que não fazem mais sentido na perspectiva atual, perspectiva que nos permite entrever a existência de uma síntese infinitamente mais orgânica, baseada na idéia de que "tudo deve funcionar em todos os níveis", de que a forma é um conteúdo e de que um conteúdo pode gerar formas. Esta é a idéia-mestra de nosso trabalho. Nem sempre os atuais temas de não-ficção diferem dos temas dos velhos documentários: o que mudou foi o "funcionamento" desses temas, no âmbito do discurso cinematográfico, um discurso hoje mais proteiforme, pela recente descoberta da dialética dos materiais e do jogo de papéis da câmera, papéis que se tornaram possíveis a partir de alguns desenvolvimentos técnicos (câmeras e gravadores leves) e da ampliação do vocabulário cinematográfico (como, por exemplo, a recente reabilitação do *jump-cut* – mudança de plano sem nenhuma mudança apreciável de ângulo ou de distância focal – e de certos falsos *raccords*).

Tal como no caso dos temas de ficção, tentaremos agora examinar como funcionam os de não-ficção ou, pelo menos, dois tipos de tema que nos parecem mais significativos na atual conjuntura. De um lado, o tema do tipo "meditação" e, de outro, o tema do tipo "ritual". Convenhamos desde já que ambos podem revestir-se de aspectos extremamente variados, podendo mesmo confundir-se, o que revela o caráter simplista e arbitrário de nossa classificação. Esperemos, porém, que ela possa ser de alguma utilidade.

De qualquer forma para nós, hoje, o primeiro exemplo realmente significativo de filme-meditação são os primeiros curtas-metragens de Georges Franju. Analisemos que *Le sang des bêtes* e sobretudo *Hôtel des invalides* diferiam das centenas de fitas nascidas de temas aparentemente semelhantes. Dizemos "aparentemente" porque, de fato, o que para os velhos documentaristas era tema (*sujet*), um tema passivo por oposição ao tema de ficção ativo, para Franju era "motivo" (*thème*). Para Franju, o tema é propriamente um desenvolvimento, ou melhor, uma interpretação, e por isso mesmo, ativo.

Com efeito, os documentaristas da "boa e velha" escola procuravam uma objetividade absoluta diante do mundo que filmavam: queriam apenas tornar seu objeto algo bonito e claro. Para eles, esse quase atestado da realidade, tão justo para o espírito quanto agradável para a vista e o ouvido, era sua própria justificativa. Porém, no sentido dessa objetividade, *Le sang des bêtes* e *Hôtel des invalides* não eram documentários: seu objetivo era expor teses e antíteses através da própria tessitura do filme; tinham forma de meditação; os "conflitos ideológicos" contidos no "motivo" (*thème*) eram seus temas (*sujets*); e, o que é mais importante, desses conflitos nasceram estruturas[1]. Assim resume-se a grande novidade desses dois filmes, que inaugurariam uma tendência do cinema de não-ficção. Mas como seus temas realmente funcionavam?

Uma ambigüidade sutil, porém fundamental, está na base das suntuosas imagens de *Hôtel des invalides*; o filme pode ser lido tanto como um ataque à guerra, como um filme "nacionalista", em um nível talvez menos sofisticado, porém perfeitamente coerente e, para muitas pessoas, per-

1. Sem dúvida porque tentaram provar e explicar alguma coisa, Dziga Vertov, em *O Homem da Câmera*, e Leni Riefenstahl, em *Der Triumf des Willens* (*O Triunfo da Vontade*), continuam sendo os dois maiores documentaristas da velha escola.

feitamente "natural". Vale lembrar que este filme foi encomendado e "veiculado" pelo Ministério do Exército! A panorâmica que nos mostra a constelação de medalhas no peito de um veterano de guerra e, depois, o horror de sua desfiguração é intencionalmente um elemento de ambigüidade do discurso, assim como o "achado" que representa a letra do hino patriótico que surge na tela, subtitulada sobre horríveis pinturas e carnificina militar. Enfim, nada pode ser mais ambíguo do que, no último plano, os filhos de soldados se afastando alegremente sob um céu esplendorosamente tempestuoso. Do ponto de vista histórico, *Hôtel des invalides* trouxe para o cinema "documentário" uma abordagem formal até então reservada, sob uma forma geralmente muito edulcorada, ao cinema de ficção, evitando incursões pela temática de ficção, como sempre fez Flaherty, muitas vezes com resultados muito desastrosos (no filme de Franju, o jovem casal de visitantes só pode ser considerado como um fio condutor quase mecânico, que participa da ambigüidade do conjunto, enquanto que o belo garotinho de *Louisiana Story* é nitidamente uma personagem de ficção, em qualquer acepção que se possa dar a essa expressão).

Entretanto, é preciso reconhecer que *Hôtel des invalides* ainda conserva alguns atributos que o aproximam do filme de ficção e do documentário clássicos: unidade dos materiais[2], unidade de tom e de estilo e uma relativa continuidade espacial e temporal, o que não quer dizer que essas unidades não sejam articuladas de maneira hábil e rigorosa. *Le sang des bêtes*, por sua vez, já continha o embrião da descontinuidade (ruptura de tom, de materiais) e nos dois filmes que se seguiram, talvez seus melhores filmes, Franju levou muito mais além suas experiências de descontinuidade: *Le grand Méliès* e *Monsieur et Madame Curie*, duas meditações biográficas. Ambos utilizam uma alternância até então praticamente desconhecida, de seqüências com representação de atores (evocações, reconstituições), elementos

2. Apesar da utilização das notícias jornalísticas ser muito interessante.

iconográficos de toda espécie e, em *Le grand Méliès*, citações cinematográficas (sendo, neste ponto, precursor do programa de televisão *Cinéastes de notre temps*; só lhe faltou o cinema-direto). Neste último filme, a autenticidade histórica dos objetos e documentos iconográficos transferia-se para o elemento artificial da representação ("vinhetas" encenadas), através de um expediente notável, mas absolutamente compreensível: o próprio filho de Méliès representava o papel do pai. Essa transferência intensifica-se até que realidade e ficção se confundam inteiramente, em uma dialética que se "cristaliza" quando a viúva de Méliès representa seu próprio papel, nos últimos planos do filme[3]. Ainda uma vez, trata-se de um tema freqüentemente utilizado em filmes de quase-ficção (como os filmes de Dieterle) e, posteriormente, em documentários do tipo "evocação iconográfica" (como *Van Gogh*, de Resnais)[4]. Mas, quando utilizados em contextos onde a noção de dialética (no sentido que lhe damos aqui e que já ilustramos e definimos muitas vezes) só existia no nível mais banal da realização, esses temas só poderiam resultar em estruturas dificilmente mais complexas do que a representação linear de grandes feitos, organizada segundo os princípios da "inspiração literária" ou do necrológico.

Era compreensível que um criador do porte de Franju não se confinasse por muito tempo na prática do curta-metragem, sem correr o risco de estagnar sua criatividade, e é terrível que a magia insubstituível de seu espírito criador não tenha sobrevivido ao cinema de ficção. Mas, se o "documentarista" Franju teve muitos imitadores, seus primeiros curtas-metragens são até hoje únicos. A nosso ver, só

3. É o que faziam, nos dirão, os cineastas do G.P.O. com os carteiros do trem noturno, ou com os marinheiros do Mar do Norte. Mas o que valoriza a utilização desse método por Franju é seu emprego dialético, sua função privilegiada como contraponto estrutural de outros métodos, enquanto que, nos filmes do G.P.O., sua persistência monótona na tela os torna lineares e sufocantes, pelo menos para o espectador de hoje.

4. Entretanto, o filme de Dziga Vertov, *Tri Pesni o Leninyie* (*Três Canções para Lênin*), antecipava, de alguma forma, os filmes de Franju.

ele conseguiu criar, a partir de um material inteiramente pré-concebido, verdadeiros filmes-ensaio, verdadeiras meditações sobre temas de não-ficção.

No domínio do filme de longa-metragem, todavia, realizou-se, na Itália, uma curiosa tentativa do mesmo gênero, a partir também de materiais pré-concebidos (em oposição a materiais "aleatórios"): foi o filme de Francesco Rosi, *Salvatore Giuliano* (*O Bandido Giuliano*). Este é, sem dúvida, muito mais um filme de reflexão do que de meditação, um equivalente cinematográfico da "grande reportagem" jornalística, a equivalência em prosa das meditações poéticas de Franju. A partir de um tema tão ramificado que chega a questionar toda a estrutura social e política da Itália contemporânea, Rosi conseguiu construir, em um momento de feliz inspiração que, infelizmente, não se repetiu mais, um filme cuja estrutura resulta precisamente da natureza labiríntica do tema. Visto como um todo, o filme tem (também) a forma de um furacão, se me permitem a audácia da imagem. Assistimos a um desfile de fragmentos de ruídos e de furor, às vezes apresentados sem ordem cronológica, às vezes dificilmente compreensíveis[5] e quase sempre contraditórios. Esses fragmentos parecem redemoinhar em volta do centro calmo e vazio do olho do furacão, isto é, do próprio Giuliano, que só aparece na tela morto, num belo exemplo de como uma metáfora pode passar intacta do plano do Tema ao plano da Forma, funcionando plenamente em ambos os planos. O filme utiliza movimentos que constituem os principais fatores de tensão e relaxamento: ora o pressentimento da presença mais ou menos longínqua do Herói atinge o paroxismo do suspense (quando ouvimos, por exemplo, que Giuliano está numa casa próxima, ou atrás de uma porta ao lado), ora cai a quase zero, quando ocorrem fatos que não têm a ver diretamente com ele. Esse é um dos muitos modos pelos quais esse filme difere tanto de todas as reconstituições históricas preceden-

5. É possível que essa obscuridade seja menor para o espectador italiano, mas não necessariamente: imaginemos um filme semelhante sobre o caso Ben Barka!

tes. Mas talvez a diferença fundamental resida no fato de que, escolhendo um tema político e atual, levando o escrúpulo da objetividade muito mais longe do que habitualmente se faz em casos parecidos, Rosi dotou esse tema do poder de suscitar a forma. Esse tipo de abordagem do tema apresenta um interesse fundamental, mesmo que o filme tenha muitas vezes texturas acadêmicas, e que a uniformidade dos materiais (os novos papéis da camêra estão em segundo plano, como quando a mãe de Giuliano representa seu próprio papel) e uma certa linearidade da narrativa nos pareçam obstáculos evitáveis hoje em dia. Não nos esqueçamos, porém, que o filme foi realizado em 1961.

Contudo, a partir de *Viver a Vida*, foi Godard quem, no cinema, levou mais longe essas experiências de "forma-meditação". Sabemos que, para escapar à função normalmente constrangedora do tema cinematográfico, Godard seguia alternativamente e, às vezes mesmo simultaneamente, duas opções distintas: o tema oculto, que já examinamos anteriormente, e a utilização de temas de não-ficção, ou seja, de meditações sobre a realidade. Godard é, muitas vezes, um ensaísta, ou melhor, um jornalista, em um sentido totalmente novo que, a nosso ver, só se justifica plenamente no cinema. Pouco importam, em seus filmes, as idéias reais, na medida em que elas são flagrantemente contestáveis. O que conta é a maneira como essas idéias desfilam diante de nós, é o espetáculo insubstituível que elas nos oferecem, e não as idéias em si. É o que se poderia chamar de *cinema de idéias*, mas esta abordagem é também, e principalmente, uma atitude estética, no mesmo sentido do ensaio de Sartre sobre Baudelaire, considerado uma obra de arte, não importando a opinião que se possa ter das idéias que ele exprime, apesar das próprias distinções que Sartre fazia entre arte e literatura. Evidentemente, quando se desbrava um terreno pela primeira vez, nem sempre se colhem bons frutos: se, de um lado, *Viver a Vida* deve seu grande sucesso a uma mistura particularmente dialética entre ficção e não-ficção, de outro, *Masculino Feminino*, o apaixonante *Duas ou Três Coisas que eu Sei Dela* e *A Chinesa* não foram filmes de sucesso (sem dúvida por serem filmes mais experimentais). Entretanto, eles abriram o caminho para um cinema ao qual aspiravam já há algum tempo autores tão diferentes quanto Feyder, que sonhava adaptar para a tela os *Ensaios*, de Montaigne, e Eisenstein, que sonhava filmar *O Capital*, de Marx. Um cinema de meditação pura, onde o tema é a base de uma construção intelectual suscetível de transformar-se na forma, na própria realização, sem que esta seja, por isso, edulcorada ou alterada.

Dissemos que, de todos os outros "homens de cinema"[6], quem mais longe seguiu nesse caminho foi Godard. E este é, talvez, o único domínio em que ele tenha sido ultrapassado, por autores muito menos conhecidos e que se expressam através da televisão. Tomemos dois exemplos, não em função de sua flagrante superioridade, senão simplesmente porque são exemplos recentes e representativos. O primeiro é *Bruno*, de Jean-Pierre Lajournade. Ao escolher tratar o tema desse estranho programa "alternadamente" em suas ramificações psicosociológicas e íntimo-metafísicas, Lajournade lançou as bases de uma forma assaz coerente, composta por alternâncias que nos conduzem, ora a um tipo de "cinema-direto", quase incômodo por sua verossimilhança (entrevistas de atores por verdadeiros diretores de pessoal, momento em que os atores parecem parar totalmente de representar), ora a um universo extremamente (porém sempre canhestramente) estilizado (quando um rapaz se debate só, ou diante de sua jovem aluna, atormetado pelos motivos que o fizeram abandonar o curso de filosofia para aceitar o primeiro emprego que lhe aparecesse pela frente). Por vezes, essas alternâncias são abruptas e associadas a elipses brutais. Por vezes, ao contrário, são imperceptíveis, como nos encontros com a jovem esnobe, onde, de uma maneira surpreendente, estilização e representação se misturam (de um modo geral, aliás, é bem difícil definir exatamente a natureza das relações entre a câmera e as personagens).

6. É evidente que os filmes etnográficos e sociológicos de Jean Rouch são também filmes "meditação", mas já falamos de sua obra e não nos parece que a análise da função do tema em seus filmes possa contribuir substancialmente para este capítulo.

Encontramos outra maneira de abordar temas semelhantes na série para televisão *Jeux de Société*, de Danielle Hunebelle e Jacques Krier. Não tanto pelo fato de utilizarem não-profissionais para representar seus próprios papéis em "textos dramáticos" sobre "problemas sociais", mas sobretudo pela interessante maneira como esses programas são construídos. Com efeito, em alguns episódios da série, o essencial é transmitido por cenas representadas, habilmente entrecortadas e comentadas por entrevistas com pessoas diretamente envolvidas com a questão. Porém, no episódio *La Mort d'un honnête homme* ocorre o contrário: o que aconteceu é comentado pelos entrevistados, apesar de nos ser mostrado fragmentariamente, e de modo alusivo pelas cenas representadas, de tal forma que as "alternâncias de papel", característica desse programa, assumem um valor estrutural evidente. As estruturas decorrem diretamente das contradições inerentes a esse lugar comum que é "a responsabilidade da imprensa escrita". Por conseguinte, mesmo falsos problemas podem prover temas de "meditação" capazes de alimentar obras esteticamente viáveis.

Finalmente, já declaramos nosso apreço pelo trabalho de André S. Labarthe na série *Cinéastes de notre temps*. Observemos aqui, porém, que a dialética ficção e não-ficção, que parece caracterizar quase todas as grandes experiências de "meditação" dos últimos anos[7], surge também nesses programas, através da alternância "entrevistas-trechos de filmes", sobre o que já falamos no capítulo dedicado às dialéticas dos materiais.

Passemos agora ao que nos parece ser a outra grande forma do cinema de não-ficção, que chamamos de "ritual". Em primeiro lugar, é preciso dizer que sua análise nos parece no momento extremamente problemática porque, mais do que no caso do filme de meditação, trata-se de uma forma ainda em estado embrionário.

7. Inclusive a contribuição do conjunto da obra de Jean Rouch. Mesmo que alguns de seus filmes sejam puramente "documentários", não desaguaram todos eles em *La punition* ou em *Gare du nord*?

Tendo suas raízes no cinema experimental dos anos vinte (particularmente nos filmes de Man Ray e Hans Richter), foi particularmente nas duas vanguardas americanas do pós-guerra que o cinema ritual se desenvolveu. Quase todos os filmes do ciclo que podemos chamar de "vanguarda californiana" (1940-1955) tinham um caráter ritual, explorando com uma felicidade sem igual as possibilidades formais implícitas em uma tal abordagem, usando e abusando das possibilidades de desorientação espacial através da montagem (Curtis Harrington, Maya Deren, James Broughton, Sidney Peterson). A nosso ver, porém, os filmes dessa época que mais se destacaram foram os dois principais filmes de Kenneth Anger, *Fireworks* e, particularmente, *Inauguration of the Pleasure Dome*, hoje representativos daquela época. O tema deste último é um ritual, no sentido estrito do termo, livremente inspirado nas mágicas práticas sexuais de uma moderna seita, representado, em parte, diante da câmera de Anger, por autênticos membros dessa seita (o que introduz sugestivamente a simbiose realidade-ficção). A cerimônia desenvolve-se segundo uma simbologia rigorosa, apesar de perfeitamente obscura para o espectador leigo (princípio do tema oculto). Essa progressão inexorável de símbolos fornece uma trama na qual se introduzem luxuriantes extravagâncias de cor (pela maquiagem, cenários, figurinos e filtros de luz). Simultaneamente, uma acumulação gradual de sobre-impressões engenhosas transformam imagens perfeitamente legíveis em pura textura visual. Talvez esse método possa ser censurado por admitir cenas muito longas, mas, se há no filme momentos de tédio, esses serão "tédios celestes", pelo menos para o olho sensual.

O princípio da sensualidade ritual transformada em material visual é ainda mais apuradamente abordado em *Chumlum*, o melhor filme de Ron Rice, cuja morte prematura privou o cinema novo americano de um de seus mais autênticos talentos. *Chumlum* lembra superficialmente algumas passagens de *Inauguration of the Pleasure Dome*. Nele, o emprego constante da sobre-impressão múltipla tende a criar um espaço por vezes excessivamente articulado (segundo os princípios expostos no capítulo sobre a plástica da montagem), porém muito original. Essa originalidade deve-se sobretudo ao fato de que as articulações integram-se em um fluxo contínuo, no qual a noção de plano deixa de existir, e em que a progressão do rito se faz através de uma mistura de elementos sem igual, onde por vezes afloram fugitivamente estruturas de uma complexidade inaudita, combinações de cores de refinamento sem precedente no cinema.

O melhor filme de Stan Brakhage, *Blue Moses* é ao mesmo tempo "meditação" e "ritual". Sob a aparência de um discurso sobre o paradoxo do ator, no qual se misturam considerações perfeitamente esotéricas (porque só dizem respeito à vida cotidiana do autor), Brakhage entrega-se a uma espécie de ritual da meditação. Porém, a mistura inextricável dos dois temas, as constantes oposições entre o ator enquanto ator (com maquiagem) e o ator enquanto homem (sem maquiagem), entre imagens quase abstratas da paisagem (pela utilização de imagens-fantasma) e imagens estáveis, "habitadas" pelo ator, entre o ator e sua imagem na câmera, entre a palavra e o silêncio etc., tornam *Blue Moses* a mais interessante tentativa de elaboração de uma dialética complexa já realizada nos Estados Unidos até hoje, em qualquer domínio.

Por fim, cabem algumas palavras sobre o surpreendente autor de filmes de animação, Harry Smith e seu longa-metragem *Heaven and Earth Magic*. Só pudemos assistir a esse filme muito recentemente em Paris e, por essa razão, é ainda difícil comentá-lo. Mas, se alguma vez, um rito (por mais obsessivo que seja) engendrou simultaneamente a forma e a textura de um filme, foi neste filme encantador e exasperante, cuja plástica lembra às vezes as colagens de Max Ernst, e cuja temática recorrente lembra os quebra-cabeças labirínticos de Raymond Roussel. As próprias obsessões transformam-se em estruturas, tudo se torna estrutura, incansavelmente, sistematicamente, exaustivamente, em um único plano fixo, em que objetos e personagens se precipitam conjunta ou separadamente, como pela mão distraída de um deus sonhador.

Mas terminemos. O que nos parece mais admirável ao final destas reflexões sobre o tema é que no cinema contemporâneo, seja de ficção ou de não-ficção, este tende a assumir uma mesma função: a de criar uma forma. No cinema de ficção tradicional, escolhia-se o tema em função dos desenvolvimentos literários que ele pudesse permitir, ou em função dos arabescos plásticos que se pudessem tecer em seu redor. Também os documentaristas tinham a mesma perspectiva. É certo que alguns tentaram conduzir paralelamente, mas sempre "em separado", os dois objetivos (esse é sem dúvida o sentido do texto de Grierson que há pouco citamos). Ora, a revolução que vivemos hoje no cinema deve-se a essa noção simples de que um tema pode gerar uma forma e que, portanto, a escolha do tema é uma escolha essencialmente estética. É uma noção de simplicidade infantil, mas cheia de conseqüências incalculáveis. É a partir dela que o cinema será o que a música tem sido até hoje, ou seja, a arte das artes.

CONCLUSÃO

À guisa de conclusão, julgamos oportuno precisar, mais enfaticamente do que fizemos no decorrer deste livro, as bases e objetivos de nosso trabalho. Essas precisões parecem-nos ainda mais necessárias porque esses textos geraram muitos mal-entendidos quando publicados em *Cahiers du Cinéma*.

No primeiro plano das queixas que nos foram feitas, estão as que concernem à exemplificação a que recorremos. Uns queixavam-se de que os filmes usados para ilustrar nossas idéias não eram propriamente incontestáveis obras-primas. Mas é evidente que, de um lado, o cinema é muito novo para que suas obras-primas sejam realmente incontestáveis e, de outro, que filmes nitidamente menores (e que nós assim referendamos) podem muito bem conter experiências importantes. Outros, em maior número, queixavam-se de que os filmes escolhidos nem sempre eram conhecidos pelo público: "Ele não poderia ter feito as mesmas demonstrações a partir de filmes de Vincente Minnelli ou de Otto Preminger?", perguntava um cinéfilo, vítima dessa grave confusão de valores que antigamente chamávamos de "macmahonismo", que parece continuar a fazer estragos nos cineclubes de interior.

Não será inútil, aliás, para situar melhor nosso procedimento, reiterar que ele é exatamente oposto ao dos "macmahonistas", confessos ou não. Nosso propósito não é idealizar um cinema projetado em uma tela pintada em technicolor. Nosso objetivo é, de um lado, "fazer" cinema e, de outro, "ver" cinema, mas "ver" como "nós o fazemos", isto é, enquanto realidade sensível. Somos pela imanência, contra a transcendência. Em particular, a prática de um tipo de crítica, que tenta extrair dos não-filmes de Vincente Minnelli super-filmes imaginários e totalmente arbitrários, através de métodos de análise interpretativa desacreditados em todas as outras artes, vem representando, há dez anos, na França, um dos mais extraordinários abusos de confiança de que se tenha notícia. Essa prática desviou do verdadeiro bom cinema, considerado excessivamente *formalista*, toda uma geração de cinéfilos atentos, porém crédulos; lotou os cineclubes com filmes que certamente não precisariam de uma tribuna privilegiada para atingir seu público apropriado e podou radicalmente, pelo esnobismo aberrante da mediocridade, o desenvolvimento normal do gosto cinematográfico. Por sorte, essa crítica sonhadora não influenciou o jovem cinema francês, exatamente na medida em que, dissimuladamente, desviava os jovens da realização cinematográfica. Com efeito, como ter vontade de realizar, se se satisfaziam com a insipidez dos filmes de Raoul Walsh?

Não é então por acaso que entre todos os autores que analisamos, não tenhamos incluído "o primeiro time do MacMahon"[1]. A escolha dos filmes de que trata este livro corresponde, retomando a bela fórmula de Pierre Boulez, ao que consideramos a "linha de cumeada" da história do

1. Que só inclui Fritz Lang através de sua obra americana, julgada infinitamente superior à sua obra alemã! Eis aqui, justamente, uma das sistemáticas inversões de valores que caracterizam essa "escola".

cinema. Os filmes citados, geralmente em termos e dimensões que indicam a importância relativa que lhes damos, são os que constituem, para nós, a longa linhagem de experimentação e de descobertas que desembocaram na atual realidade cinematográfica, quando o cinema começa, enfim, a tomar realmente posse de seus verdadeiros meios. Tanto quanto nos permitiram as projeções da Cinemateca Francesa, cabia-nos reconsiderar a história do cinema, verificar que obras-primas consagradas são hoje ainda "pertinentes" e, sobretudo, descobrir quantos filmes mal compreendidos, ou desconhecidos, representam hoje, de repente, às vezes após cinqüenta anos de incompressão, uma substancial contribuição para o desenvolvimento dos meios específicos do cinema. Para nós, raros são os filmes cortados por essa "linha de cumeada". E quase todos são citados neste livro. Acontece que achamos que o cinema está ainda nascendo e que, abstração feita do extraordinário impulso dos anos vinte, podado em pleno movimento pelo advento do cinema falado e suas conseqüências nos países capitalistas, ou pela implantação das tiranias stalinista e nazista, há apenas uns quinze anos o cinema começou a afirmar sua autonomia com relação às outras artes, elevando-se acima delas, por sua vitalidade e seu poder de renovação absolutamente únicos nos tempos atuais.

Percebe-se que a despeito de nosso desejo de objetividade no domínio da análise, somos nesse outro plano ferozmente parciais, por estarmos convencidos de que o cinema é a única arte com um futuro imediato, a única arte cujo progresso é desde já previsível, quando não preconizável, no que toca à evolução interna da "linguagem" e das formas cinematográficas, domínio que nos parece absolutamente primordial na gestação de uma arte.

Este autor é, antes de tudo, um cineasta, um técnico do filme. Se escolheu expressar por escrito os frutos de suas reflexões sobre a natureza do cinema, fê-lo particularmente pensando nos outros cineastas. É deles que ele espera compreensão imediata dos reais objetivos deste trabalho. Os cinéfilos, os críticos, todos aqueles que não realizaram o cinema em seu sentido material, poderão considerar os conceitos aqui formulados como puramente teóricos. É difícil falar em termos gerais de coisas concretas sem criar um sentimento de abstração. E, por menos que nossas "teorias" os seduzam, esses consumidores de cinema que são os críticos e os cinéfilos poderão pretender aplicá-las a todos os filmes: para eles, será apenas mais um esquema. Mas essa aplicação será absolutamente impossível, pois os conceitos que divulgamos só podem ser concebidos coerentemente no âmbito dos filmes em função dos quais são formulados. É nosso desejo que o exame desses poucos filmes excepcionais ajude o cinéfilo a ver melhor todos os filmes, em geral, e sobretudo a forjar critérios mais rigorosos diante da massa de filme que a ele se impõe. Porém, receamos que, hoje, apenas alguns realizadores cujas opções fundamentais aproximam-se das nossas, compreenderão a "necessidade" desse rigor, ditada por essa coerência interna da arte que praticam e que nós tentamos esboçar aqui. "Entre técnicos", diz ainda Pierre Boulez, "seria difícil vender gato por lebre".

Esclareçamos desde já que se nos dirigimos aos realizadores, não é também para lhes propor receitas ou modelos, no sentido estrito do termo. Pretendemos simplesmente sugerir uma nova atitude de investigação, um novo espírito de abordagem das estruturas e materiais melhor compreendidos, em suma, exigências novas para si mesmos. Essa atitude que preconizamos diante da Forma poderia ser encontrada, de algum modo, na obra de Eisenstein, Renoir, Ozu e, mais proximamente, Antonioni, Bergman, Bresson, Godard, Hanoun, Kurosawa, Resnais. E é exatamente nessa medida que elegemos esses homens como modelo, menos devido ao peso absoluto de suas obras, do que à intuição essencial que elas representam quanto à natureza profunda do cinema. A "tese do autor infalível" é mais um engodo que os críticos irresponsáveis propõem aos espíritos preguiçosos: apenas as "obras" contam... bem como os critérios que elas engendram. *Blow Up* (*Depois Daquele Beijo*) e *A Guerra Acabou* parecem-nos filmes muito ruins, fáceis e acadêmicos, aos quais um feliz conjunto de circunstâncias conferiu qualidades realmente excepcionais, assim como ocorreu com outros filmes abrangentes, que representam a maioria esmagadora da produção hollywoodiana (como *Baby Face Nelson* [*O Assassino Público nº 1*], Vera

Cruz, *Lady in a Cage* [*A Dama Enjaulada*]). Nos Estados Unidos, em particular, o cinema difere fundamentalmente das outras artes: a lei do dinheiro e do sucesso torna quase impossível a "evolução" desses autores em potencial. E, quando ocorre evolução, é quase sempre ao contrário. Samuel Fuller conseguiu realizar outro filme melhor do que *I Shot Jesse James* (*Matei Jesse James*)? Nicholas Ray do que *Amarga Esperança*? Robert Wise do que *The Set Up* (*Punhos de Campeão*)? E foram seus primeiros filmes. A extraordinária progressão de realizadores como Godard, Buñuel e sobretudo Bergman, bem como a extraordinária constância de Bresson, só são concebíveis na Europa, onde a noção de autoria cinematográfica permanece uma realidade, em todos os níveis da indústria, a começar pela distribuição: na França, os nomes de Carné, Duvivier ou Renoir atraíam multidões ao cinema antes de Godard, enquanto que nos EUA, além de De Mille e Hitchcock, o grande público desconhece praticamente os nomes dos realizadores. Não é por acaso que, com exceção de alguns exemplos isolados (Rossen, Fuller, Hitchcock), os poucos verdadeiros autores saídos de Hollywood depois da Guerra trabalham sobretudo no exterior (Welles, Kubrick), ou que o primeiro cinema americano autenticamente de autor foi criado exatamente em oposição ao cinema de Hollywood (aludimos, é óbvio, ao novo cinema americano, ao cinema *underground*).

Esclareçamos, finalmente, que não fomos buscar nossos exemplos apenas no cinema *cult*: o cinema "popular", de Feuillade a Mario Bava, passando por William Whitney, parece-nos tão rico em ensinamentos e tão autenticamente belo, particularmente ao nível da função do tema.

É uma conclusão pobre, poderão dizer. Após ter mal ou bem resistido às tentações da polêmica em tantas páginas de livro, eis-nos cedendo a elas com um evidente entusiasmo. Para nós, porém, a única conclusão possível era esse nosso repertório de aversões, ou melhor, de razões para essas aversões. Se nossa experiência do cinema levou-nos a reter alguns filmes que permitem entrever o prodigioso potencial do cinematógrafo, ela ainda não nos permitiu defini-lo. Não somos profetas. Em contrapartida, essa mesma experiência fez-nos definitivamente rejeitar uma enorme quantidade de celulóide sem o menor potencial estético e que já morreu perante a História da Arte, fazendo parte hoje da história dos costumes. Mas, o cinema, sim, este continua.

Sequência de *Bezhin Lug (O Prado de Bejin)*, de S. M. Eisenstein. Sequência completa, tal como aparece na versão póstuma do filme, com exceção de dois títulos, um close repetido e a tomada dos cavalos, que foi cortada.

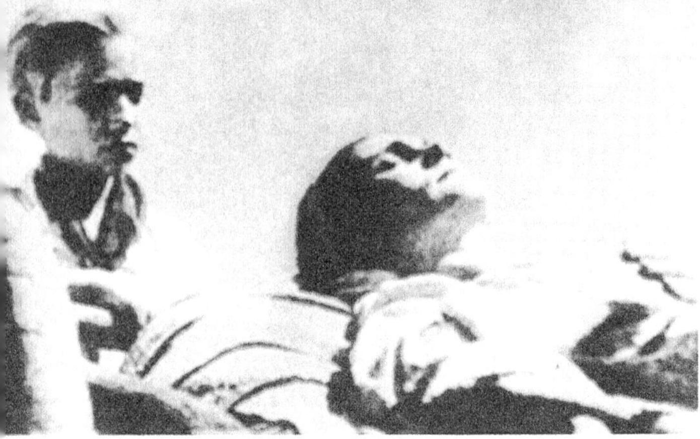

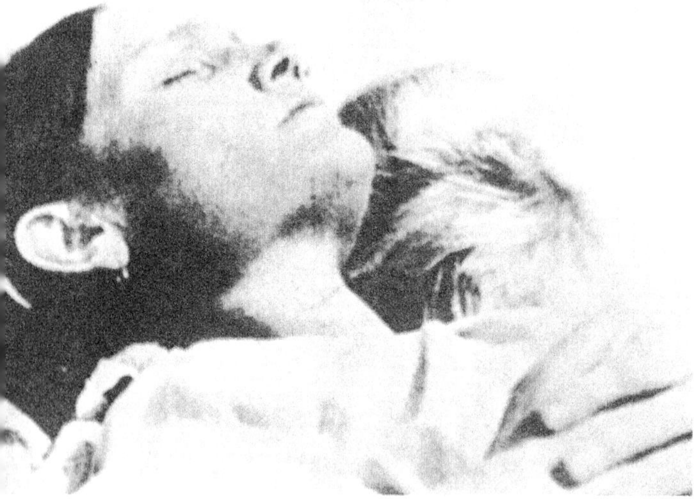

L'arroseur arrosé (*O Regador Regado*), segunda versão, L. Lumière. Cinémathèque française.

Chegada de um trem na estação de *La Ciotat*, L. Lumière. Cinémathèque française.

King-Kong, Schoedsack. Cinémathèque française.

Invention diabolique, K. Zeman. Cinémathèque française.

Albert Juross em *Les Carabiniers* (*Tempo de Guerra*): um desses rostos que o cinema já não sabe mais como encontrar.

Jean-Pierre Léud em *Masculin-Féminin* (*Masculino-Feminino*): A imagem de um moço que serve para todos os tempos: nervoso, preocupado, infeliz e desesperado.

Ana Karina em *Bande à Part* (*Bando de Marginais*). "A câmera sempre mantém distância em face desses personagens..."

Les dames du bois de Boulogne, Robert Bresson.

The Birds (*Os Pássaros*), Alfred Hitchcock.

La Notte (*A Noite*). Michelangelo Antonioni.

ÍNDICE ONOMÁSTICO

CINEMA NA PERSPECTIVA

A Significação no Cinema
Christian Metz (D054)

A Bela Época do Cinema Brasileiro
Vicente de Paula Araújo (D116)

Linguagem e Cinema
Christian Metz (D123)

Sétima Arte: Um Culto Moderno
Ismail Xavier (D142)

Práxis do Cinema
Noel Burch (D149)

Salões, Circos e Cinemas de São Paulo
Vicente de Paula Araújo (D163)

Um Jato na Contramão
Eduardo Peñuela Cañizal (org.) (D262)

Na Cinelândia Paulistana
Anatol Rosenfeld (D282)

Cinema, Arte & Indústria
Anatol Rosenfeld (D288)

Alex Viany: Crítico e Historiador
Arthur Autran (D290)

Som-Imagem no Cinema
Luiz Adelmo Fernandes Manzano (D293)

A Cidade Imaginária
Luiz Nazario (org.) (D302)

Humberto Mauro, Cataguases, Cinearte
Paulo Emílio Salles Gomes (E022)

A Imagem Autônoma
Evaldo Coutinho (E147)

O Terceiro Olho
Francisco Elinaldo Teixeira (E199)

Viaje a La Luna
Reto Melchior (E243)

Manoel de Oliveira: Uma Presença
Renata Soares Junqueira (org.) (E282)

O Cinema Errante
Luiz Nazario (E399)

As Paixões da Narrativa
Hermes Leal (E353)

Todos os Corpos de Pasolini
Luiz Nazario (PERS)

Este livro foi impresso na cidade de Cotia,
nas oficinas da Meta Brasil,
para a Editora Perspectiva.